PLIAGES de Serviette

ANTOINE WOERLE

EDITIONS S.A.E.P. 68040 INGERSHEIM - COLMAR

Signification des symboles

✕	élémentaire
✕✕	facile
✕✕✕	difficile

PHOTOS : S.A.E.P. / C. DUMOULIN

Les nappes et les serviettes ont été aimablement fournies par ***LINVOSGES - GERARDMER***.

Nous remercions les restaurants *A L'ANGE* (Niedermorschwihr), *A LA MAISON BLANCHE* (Mittelwihr), *LE MENESTREL* (Ribeauvillé), *LE MORAKOPF* (Niedermorschwihr), *LE PETIT BOUCHON* (Colmar), *LE RENDEZ-VOUS DE CHASSE* (Colmar), *LA TAVERNE ALSACIENNE* (Ingersheim), pour l'accueil qu'ils nous ont réservé.

Pièce de linge individuelle, en fibres naturelles ou synthétiques, la serviette de table sert à protéger les vêtements et à s'essuyer les lèvres à chaque fois qu'un mets ou une boisson les marque.

Sur la table, la serviette pliée est posée dans l'assiette et chaque convive la déplie pour la poser sur ses genoux. Deux exceptions sont faites dont une pour les enfants et l'autre pour manger des crustacés pour lesquelles on noue la serviette autour de son cou ou on la passe dans une boutonnière du gilet (geste qui passe sinon pour très familier et peu élégant). Si la serviette tombe au sol pendant le repas, on la ramasse discrètement. Celle-ci peut également être remplacée par la maîtresse de maison qui juge, que les qualités hygiéniques de la serviette tombée au sol ne sont plus assurées. Lorsque le repas est terminé, on plie soigneusement sa serviette et on la met dans son porte serviette avant de se lever. Chez autrui, l'invité ne replie pas sa serviette qui ne resservira plus (et signifirait alors que l'on ne reviendra plus manger chez lui).

Le dressage de certains mets nécessite l'utilisation de serviettes en tissu pour présenter les poissons entiers dressés sur un plat long (pliage en gondole), pour y glisser des toasts chauds (pliage poche surprise), pour présenter une bombe glacée, (pliage en nénuphar), pour absorber l'excédent d'eau de cuisson des pommes de terre cuites en robe de chambre ainsi que des asperges cuites à l'eau.

Historique :

Lorsque les Anciens étaient invités, ils apportaient avec eux leur serviette de table. Celle-ci ne servait pas uniquement à s'essuyer la bouche et les mains mais aussi à emporter les restes du repas et parfois les cadeaux que pouvait faire l'hôte.

Les Romains eux, s'accrochaient autour du cou, pour la durée du repas, le sudarium en lin ou en coton pour s'éponger et protéger les vêtements. Celui-ci se transformera progressivement en serviette luxueuse de toile dorée ou peinte.

La nappe existait au début du Moyen Age, mais l'usage de la serviette n'était guère répandu. On s'essuyait les mains et la bouche avec la nappe ou à la "longuière", (pièce de toile qui recouvrait les bords de la table) mais le plus souvent avec le revers de la main.

Vers le XIIIe siècle apparurent les "touailles", torchons suspendus au mur que les convives utilisaient à volonté et qui servaient ensuite à recouvrir les restes de nourriture, le pain et le couteau.

Vinrent ensuite les serviettes individuelles de lin ou de coton, brodées puis damassées que l'on portait alors sur l'épaule ou sur le bras gauche. L'habitude de nouer la serviette autour du cou date du siècle d'Henri III, époque à laquelle on portait "les fraises" qu'il fallait protéger lors des repas.

Au XVIIe siècle, la mode du port de la fraise disparut et avec elle l'habitude de nouer la serviette autour du cou.

L'élégance à table exigeait alors de déposer, comme on le fait aujourd'hui, la serviette dépliée sur ses genoux. Et pour que chaque convive puisse conserver une serviette propre jusqu'à la fin du repas, la serviette était changée à chaque service d'un menu qui pouvait en comporter jusqu'à 6.

Ce n'est qu'au XVIIIe siècle que l'on vit les premiers pliages de serviettes, qui devinrent rapidement excentriques.

QUE CHOISIR ?

Le choix d'un linge de table traditionnel requiert réflexion car c'est un investissement coûteux et il engage pour quelques années. Bel aspect, solidité, simplicité d'entretien, choix esthétique qui dépend du style de votre intérieur, autant de critères nécessaires pour se décider.
Le choix d'un linge de table ne relève pas toujours du strict calcul ou de l'équilibre objectif des avantages et inconvénients de tel ou tel article. Le linge reste un élément "sensuel": on le regardera, on le touchera, pour prendre toute la mesure de ce critère tactile avant l'achat.

LES FIBRES NATURELLES (traditionnelles) :

- **Le lin** : jusqu'à présent, le lin reste qualitativement la fibre la plus noble par son tombant, sa solidité, son aspect lisse et frais. Mais il présente l'inconvénient d'être assez difficile à entretenir (car il se froisse rapidement).
- **Le métis** : mélange de coton et de lin, il peut être une bonne alternative. De plus, il est sensiblement moins coûteux. Son inconvénient majeur réside dans le fait que les 2 fils ont une résistance différente au frottement, ce qui en accélère l'usure.
- **Le coton** : le coton d'Egypte (longue fibre, qualité supérieure) ou d'Amérique sont une valeur sûre, particulièrement pour le tissage damassé.
- **La soie** : peu utilisée car difficile à entretenir et trop souple pour tenir les plis d'un pliage de serviette.

LES FIBRES MODERNES (synthétiques ou artificielles) :

Il existe des mélanges de coton ou de lin avec des fibres plus modernes, dotées de qualités spécifiques.
- **Lin/polyester** : présente les avantages du lin sans son inconvénient majeur : la difficulté de repassage, il est sans repassage et anti-taches.
- **Polyester** : cette fibre absorbe l'eau sans "boire" les graisses, solide et facile d'entretien.
- **Polyester/coton** : mêmes caractéristiques que le lin/polyester.

LES NON-TISSES à usage unique :

Ni papier, ni tissu, les non-tissés sont des produits fibreux fabriqués à partir de fibres synthétiques et/ou végétales (cellulose). De couleur unie, fleuris, imprimés d'un nom, rayés ou soulignés d'une lisière, ils s'adaptent à tous les décors, seuls ou complétés de sets de table auxquels un gaufrage particulier assure la tenue qui convient.

L'OUATE DE CELLULOSE (papier) à usage unique :

Deux matières premières permettent de fabriquer l'ouate de cellulose : les fibres de bois et les papiers recyclés.

FINITION DES TEXTILES

- **Le linge damassé** : la personnalisation du linge de table aux initiales des maîtres de maison est une démarche classique pour marquer sa notoriété. On peut avoir recours soit à la broderie d'initiales sur la nappe et les serviettes, soit au tissage de ces initiales lors de la fabrication du linge, ou au choix d'un imprimé.

- **Le linge "écru"** : c'est-à-dire dans sa teinte naturelle, vire au blanc et rétrécit après plusieurs lavages (tenir compte des dimensions du linge de table lors de vos achats).

- **Le linge "crème"** : opération qui a pour but d'atténuer le coloris peu satisfaisant de l'écru. Le tissu blanchira et rétrécira après plusieurs lavages.

- **Le linge "blanchi"** : opération qui confère au linge sa véritable présentation. En outre, il résorbe en grande partie le retrait du linge.

- **Le linge teint** : teinture fil à fil, par impression ou dans la masse, les motifs et les coloris sont très variés.

LE CHOIX DES TEXTILES

Pour un repas un peu solennel, choisir une nappe unie ou damassée de coton ou de lin (inconvénient majeur : l'entretien qui est long et difficile). L'assortir aux serviettes ou bien poser une nappe ajourée ou de dentelle sur une nappe de couleur.

Si vous choisissez un tissu synthétique, sachez que la matière doit être agréable aussi bien au toucher qu'à la vue. Son avantage par rapport aux fibres naturelles réside dans le fait qu'il se lave et sèche rapidement.

Pour un repas en tête-à-tête, choisir des couleurs pastel. Pour un repas convivial, choisir un linge de table coloré avec de grands motifs. Pour un repas champêtre, utiliser des papiers imprimés ou blancs. Pour un goûter d'enfants, utiliser des nappes et des serviettes de papier imprimé.

LE CHOIX DES COULEURS

Les goûts et les couleurs ne se discutent pas mais sachez que l'association de couleurs entre elles est chose délicate. Voici quelques conseils pour associer votre linge de table avec votre décoration intérieure, les nappes avec des serviettes de coloris différents, pour donner une ambiance particulière et donner le ton à la soirée, par la couleur choisie lors de votre repas.

Le **rouge** correspond à la vie, à l'amour et au système musculaire ; la couleur **orange** correspond à la médecine et au système circulatoire, la couleur **jaune** correspond à la science et au système nerveux : le **vert** correspond à l'espérance et au système digestif ; le **bleu** correspond à la musique et au système respiratoire ; l'**indigo** correspond à la métaphysique et au système osseux ; le **violet** correspond à la spiritualité et au système glandulaire ; la couleur **rose** agit bénéfiquement sur l'intelligence (voir la vie en rose), est une nuance de l'amour, un symbole de délicatesse, d'affection et de tendresse ; le **blanc** donne de la pureté aux autres couleurs et particulièrement au rouge.

Les couleurs primaires sont :
- le bleu
- le rouge
- le jaune.

Les couleurs secondaires sont :
- le vert (mélange du bleu et du jaune)
- l'orange (mélange du rouge et du jaune)
- le violet (mélange du rouge et du bleu).

Les couleurs complémentaires :
Certaines couleurs placées côte à côte deviennent plus expressives. Elles s'exaltent :
- bleu - orange
- jaune - violet
- rouge - vert.

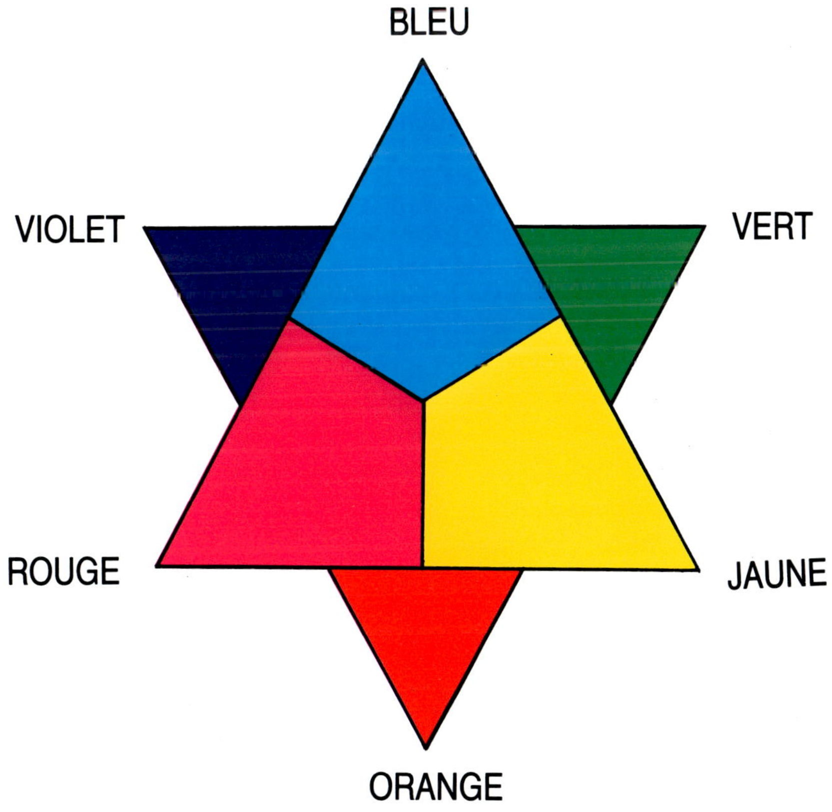

REGLES D'HYGIENE

Pour préserver une certaine qualité hygiénique et esthétique à la serviette de table, la question de plier ou de ne pas plier peut se poser.
Si l'on respecte certaines règles de propreté et d'hygiène de base, se laver les mains avant toute manipulation, effectuer les pliages sur une surface propre, l'envie et la possibilité pour parachever une décoration de table de tous les jours ou de fête par un beau pliage de serviette ne doit pas être écartée.
De manière à conserver à la serviette une fois dépliée une certaine tenue et "fraîcheur", évitez les pliages qui nécessitent trop de manipulations et de plis.
Bien entendu, chacun de vos invités reçoit une serviette propre en début de repas. Celle-ci peut être déposée très simplement à plat sur l'assiette de mise en place ou à même la table.
En famille, la serviette de table est conservée dans un porte-serviette ou un rond de serviette personnalisé qui sera disposé à côté de l'assiette. La serviette sera changée une ou deux fois par semaine selon les besoins.

ENTRETIEN DES TEXTILES

LES ANTI-TACHES :

On trouve dans le commerce différents produits prêts à l'emploi pour permettre d'enlever les taches accidentelles (à utiliser avec prudence). Eviter de frotter fortement les tissus pour détacher certaines taches de manière à ne pas fragiliser les fibres.

- **Bougie** : gratter avec un couteau (sans appuyer). Appliquer ensuite du papier buvard ou une feuille de papier hygiénique et repasser la tache à température tiède jusqu'à ce qu'il n'y ait plus de trace sur le papier. Effacer le reste de la trace grasse avec de la benzine.

- **Beurre - graisses** : utiliser du trichloréthylène, de l'eau écarlate ou de la terre de sommières (même sur la soie).

- **Café, thé, soda, cola** : absorber le plus gros. Pour les tissus en coton, imbiber la tache de glycérine. Laisser agir puis rincer. Pour les tissus en fibres artificielles, employer un mélange égal d'alcool à 90° et de vinaigre d'alcool ou de jus de citron. Laver avec une lessive et rincer.

- **Chewing-gum** : sur tissus en fibres naturelles, tamponner avec du trichloréthylène. Laisser sécher puis racler ce qui reste au couteau. Pour les fibres synthétiques, frotter avec un glaçon et, si la tache persiste, confier le tissu au teinturier.

- **Colle** : Pour les tissus en fibres naturelles, frotter doucement avec un tampon imbibé d'alcool à brûler. Pour les tissus en fibres synthétiques, faire un essai avec du vinaigre d'alcool tiède (tamponner doucement).

- **Encre** : pour les tissus blancs, tamponner avec de l'eau additionnée d'eau de javel. Pour les tissus de couleur, utiliser du jus de citron ou de l'eau oxygénée à 10 volumes. Laver et rincer.

- **Fruits et jus de fruits** : pour les tissus délicats, laver à l'eau froide, tamponner avec de la glycérine. Laisser agir, laver avec de la lessive puis rincer. Pour les tissus en matière synthétique, tamponner avec de l'ammoniaque. L'eau oxygénée peut compléter l'opération mais attention à la décoloration.

- **Peinture** : faire un essai avec de la benzine. S'il reste une auréole, la tamponner avec de l'eau tiède. Pour les matières synthétiques, tamponner la tache avec du trichloréthylène puis laver et rincer.

- **Rouille** : tamponner avec de la benzine ou du trichloréthylène puis lessiver et rincer ou utiliser un détachant anti-rouille.

- **Sang, vomis** : pour le coton blanc, laver à l'eau froide puis tamponner avec un détachant spécifique avant de le laver comme à l'ordinaire.

- **Vin** : absorber le plus gros puis imbiber d'un alcool blanc (gin, vodka, eau-de-vie). Le résultat est plus efficace que le sel fin ou le vin blanc habituellement préconisés.

- **Chocolat** : frotter avec du white-spirit puis laver et rincer.

- **Rouge à lèvre** : nettoyer au trichloréthylène, au perchloréthylène ou avec de l'essence de térébenthine, laver et rincer.

- **Brûlure de cigarette** : passer de l'eau oxygénée ou de l'ammoniaque puis rincer soigneusement.

CODE INTERNATIONAL D'ENTRETIEN DES ARTICLES TEXTILES

Son but est de préciser les différentes opérations de nettoyage recommandées par des vignettes inamovibles fixées sur les vêtements ou linges confectionnés.

DEGRE		3	2	1	0
TRAITEMENT	SYMBOLE	AUCUNE PRECAUTION SPECIALE NECESSAIRE	CERTAINES PRECAUTIONS NECESSAIRES	PRECAUTIONS SPECIALES NECESSAIRES	TRAITEMENTS INTERDITS
REPASSAGE	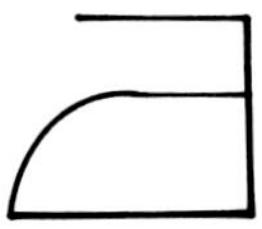 FER A REPASSER	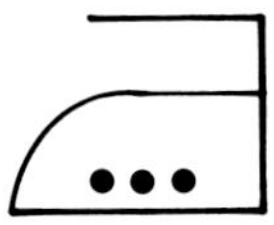	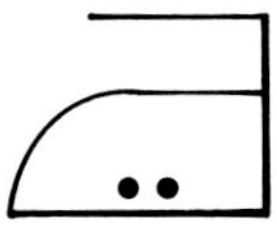	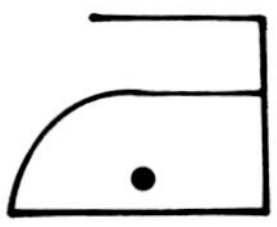	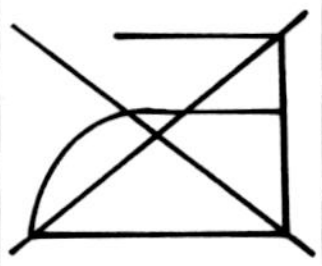
NETTOYAGE A SEC	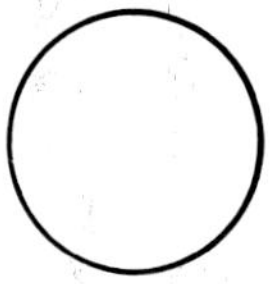 TAMBOUR DE NETTOYAGE A SEC				
TRAITEMENT A L'EAU DE JAVEL	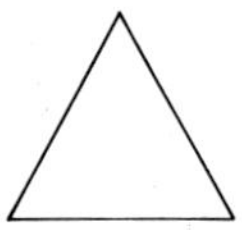 TRIANGLE				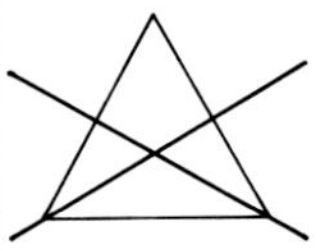
LAVAGE	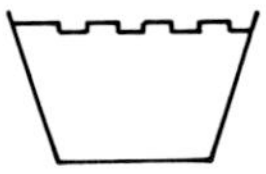 CUVIER			 30 OU 40 DEGRES SELON LES ARTICLES	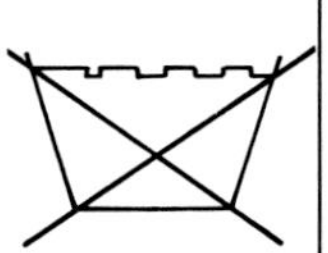

TABLEAU RECAPITULATIF D'ENTRETIEN

Signification des symboles

- **Repassage** : fer à repasser, avec température de repassage.
- 1 point : repassage doux (115 à 120°)
- 2 points : repassage moyen (120 à 150°)
- 3 points : repassage fort (200°).

- **Nettoyage à sec ou détachage** : cercle avec une lettre symbolisant les solvants pouvant être utilisés sans danger pour le textile.
- A : tous les solvants
- P : essences minérales et perchloréthylène
- F : essence minérale, white-spirit.

- **Traitement à l'eau de javel** : triangle, avec Cl (produits chlorés permis).

- **Lavage** : cuvier, avec des indications de température de lavage maximum.

Le signe qui barre les représentations symboliques indique que l'opération est interdite.

LE CARRE

Utiliser, pour ce pliage, une serviette amidonnée en fibres naturelles ou synthétiques.

1 - Rabattre le côté du bas vers le milieu.

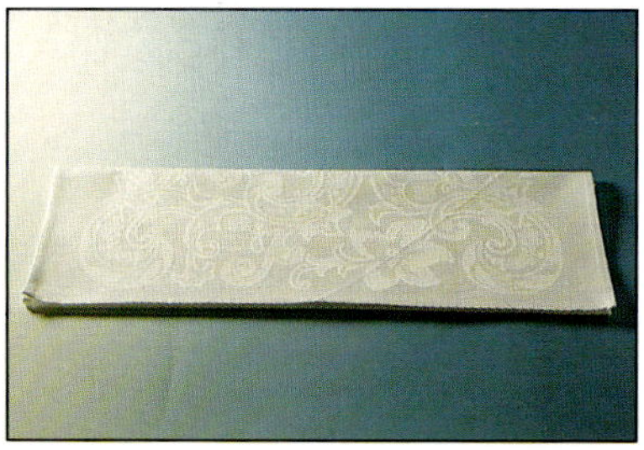

2 - Plier la serviette en 3 parties égales pour obtenir un rectangle.

3 - Plier la serviette à nouveau en 3 parties égales pour obtenir un carré.

1ère variante :

4 - Retourner le pliage.

2ème variante :

5 - Rabattre le côté droit et le côté gauche du carré vers le centre.

6 - Retourner le pliage.

3ème variante :

3- *Plier le carré obtenu en 2.*

4 - *Tourner le pliage.*

4ème variante :

3 - *Rabattre l'angle supérieur droit vers le centre du carré.*

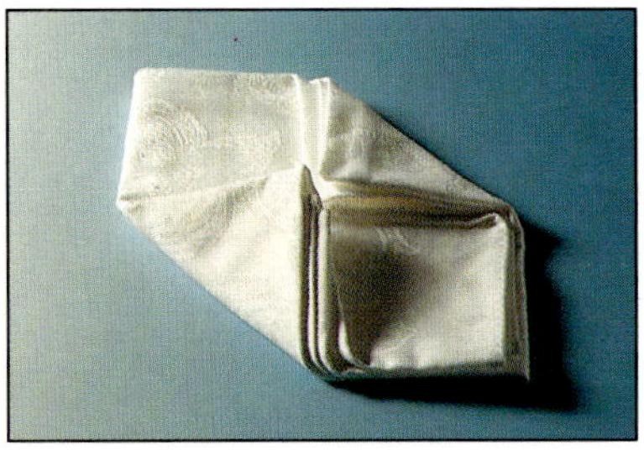

4 - *Rabattre l'angle inférieur gauche vers le centre du carré.*

5 - *Retourner le pliage.*

5ème variante :

3 - *Plier le carré obtenu dans sa diagonale pour obtenir un triangle.*

Remarque : ce pliage met en évidence le logo du linge damassé ou brodé.

LE TRIANGLE

Utiliser une petite serviette amidonnée pour ce pliage.

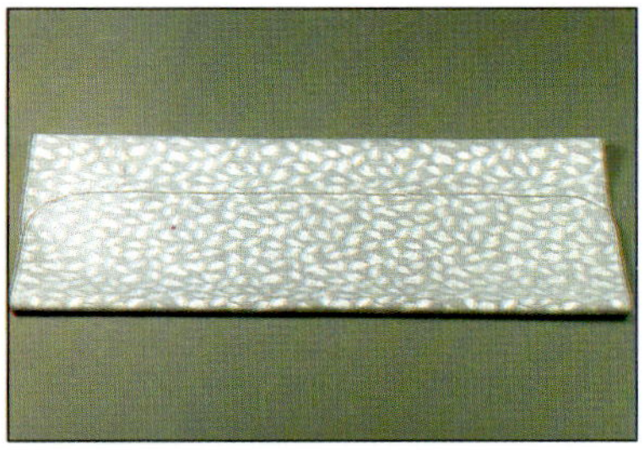

1 - Plier la serviette en 3 parties pour obtenir un rectangle.

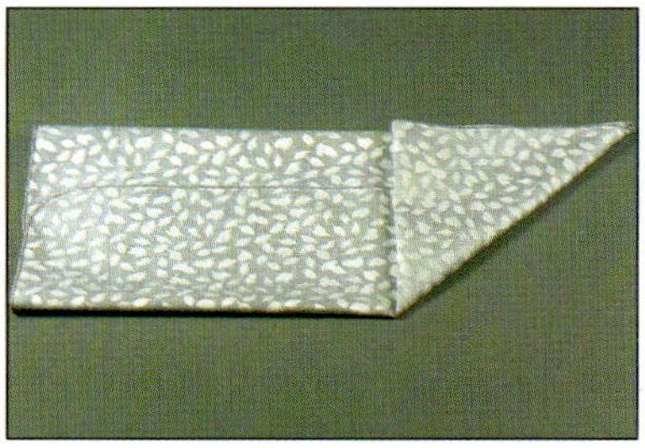

2 - Plier l'angle inférieur droit sur le bord supérieur.

3 - Replier le triangle obtenu sur sa tranche de gauche.

4 - Replier encore une fois ce triangle sur sa tranche.

5 - Glisser l'extrémité gauche dans l'ouverture du triangle.

6 - Tourner le pliage base vers le bas. Le disposer dans l'assiette suivant l'inspiration.

LE MANDARIN

Utiliser une serviette amidonnée (fibres naturelles ou mélange naturel et synthétique).

1 - Plier la serviette en 3 parties pour obtenir un rectangle.

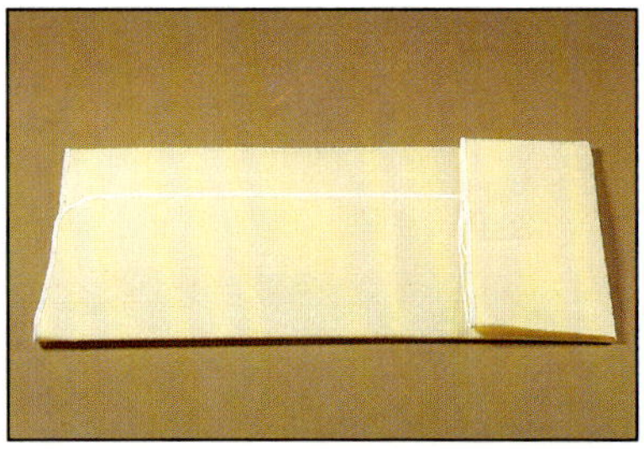

2 - Replier le côté droit d'1/5e.

3 - Replier le côté gauche d'1/5e.

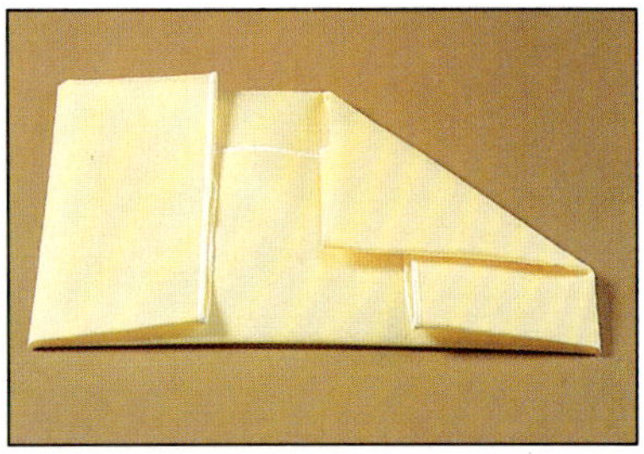

4 - Replier aux 3/4 l'angle supérieur droit vers le bas.

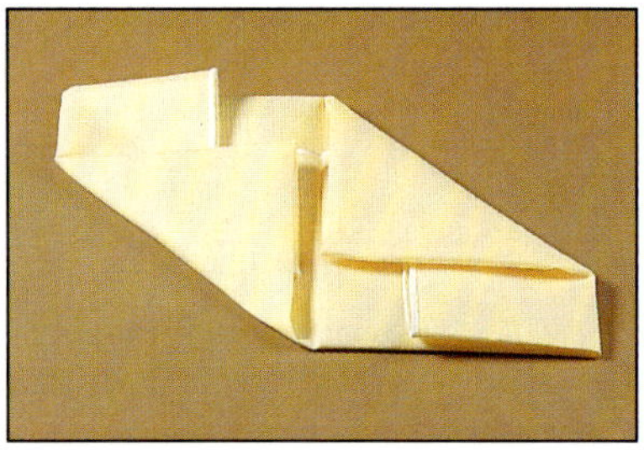

5 - Replier l'angle inférieur gauche vers le haut aux 3/4.

6 - Retourner le pliage.

7 - Placer le côté droit du quadrilatère sur la gauche.

8 - Rabattre l'extrémité du bas et la glisser sous le premier pli supérieur.

9 - Retourner le pliage.

10 - Rabattre la pointe du bas et la glisser sous le premier pli supérieur.

11 - Donner du volume au pliage en écartant la base.

LA MITRE

Utiliser une serviette amidonnée (fibres naturelles ou mélange naturel et synthétique).

1 - Plier la serviette en 3 parties pour obtenir un rectangle.

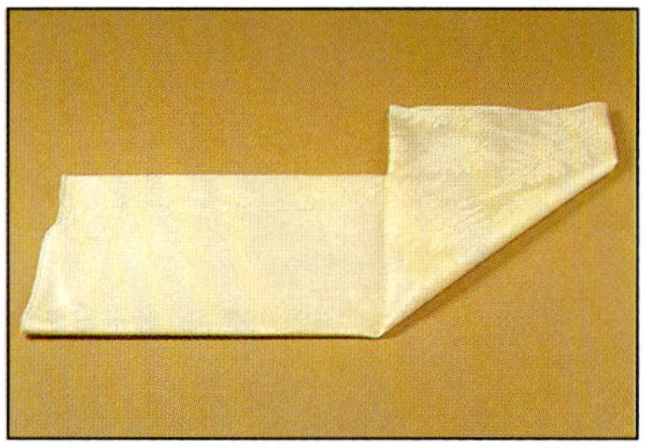

2 - Maintenir une pression du doigt sur le milieu du bord inférieur du rectangle. Replier l'angle inférieur droit vers le haut.

3 - Maintenir une pression du doigt sur le milieu du bord supérieur du rectangle. Replier l'angle supérieur gauche vers le bas.

4 - Retourner le pliage.

5 - Plier le losange de la gauche sur la droite et rabattre la pointe supérieure du losange de la gauche sur la droite.

6 - Tourner le pliage sur sa base.

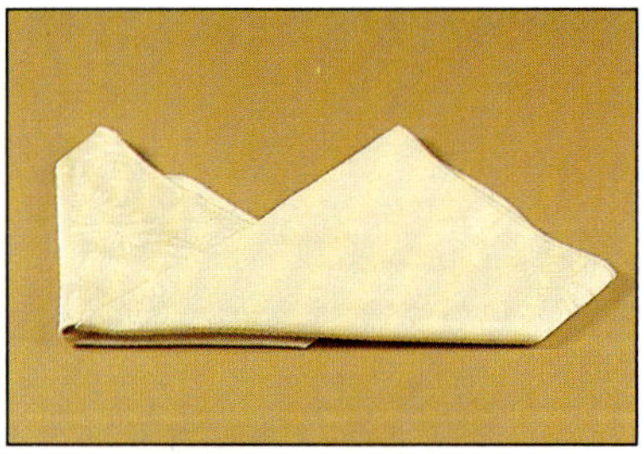

7 - Ramener l'angle inférieur gauche sous le pli supérieur.

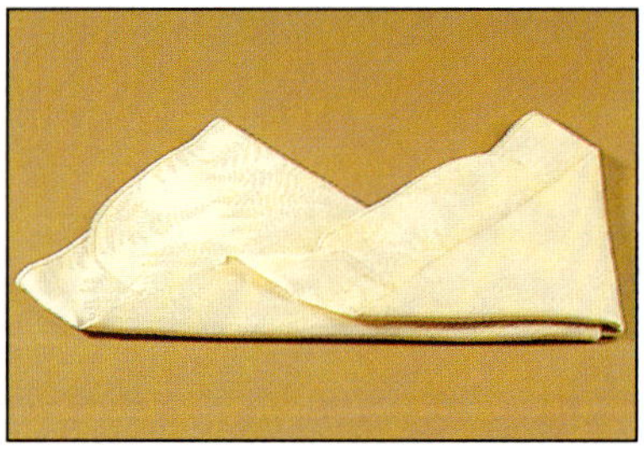

8 - Retourner le pliage sur sa base.

9 - Ramener l'angle inférieur droit sous le pli supérieur.

10 - Redresser le pliage et lui donner du volume en écartant la base.

LA POCHE SURPRISE

Utiliser une serviette amidonnée pour ce pliage.

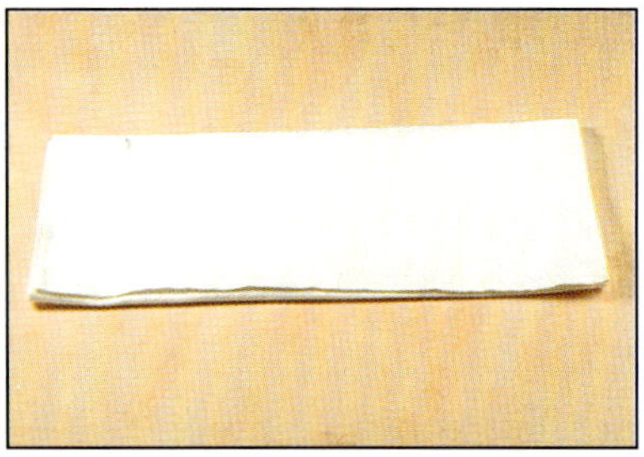

1 - Plier la serviette en 3 parties égales pour obtenir un rectangle.

2 - Maintenir une pression du doigt sur le milieu du bord supérieur du rectangle.

1ère variante :

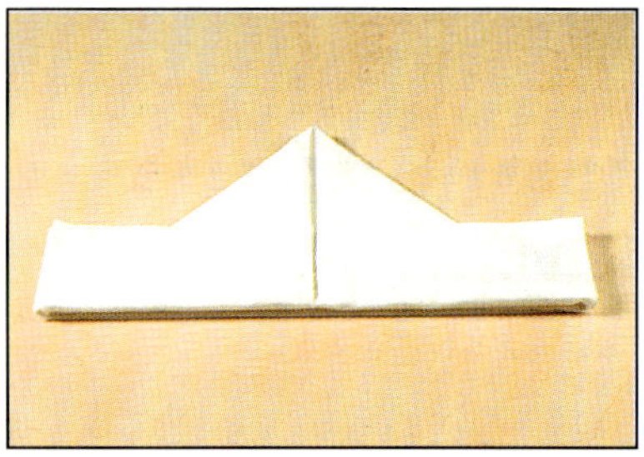

3 - Rabattre les 2 extrémités du haut sur la base du triangle.

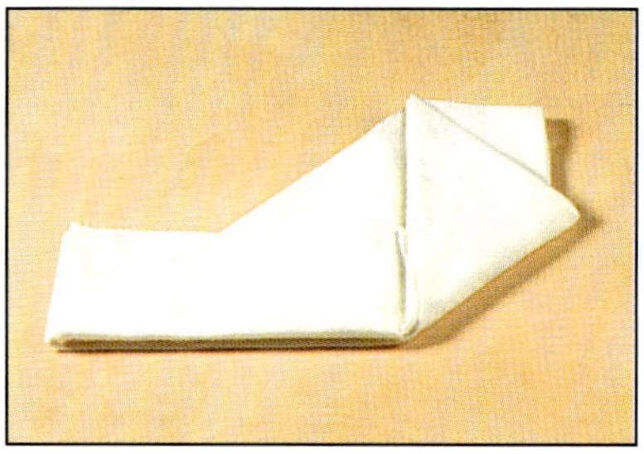

4 - Plier l'angle inférieur droit sur la pointe supérieure du triangle. Si nécessaire, rabattre l'extrémité du pan supérieur sur lui-même vers la droite.

5 - Plier l'angle inférieur gauche sur la pointe supérieure du triangle. Si nécessaire, rabattre l'extrémité du pan supérieur sur lui-même vers la gauche.

6 - Retourner le pliage et lui donner du volume en soulevant le triangle supérieur.

2ème variante :

3 - Plier l'angle inférieur gauche (de 120°) sur la pointe supérieure du triangle. Enrouler le volant sur la base du triangle obtenu.

4 - Plier l'angle inférieur (de 120°) droit sur la pointe supérieure du triangle. Enrouler le volant sur la base du triangle obtenu.

5 - Retourner le pliage et lui donner du volume en soulevant le triangle supérieur.

Remarque : Placer dans la poche surprise soit un cadeau ou un petit pain, mais également des toasts, des petits pains grillés pour les maintenir au chaud. Le pliage terminé, le disposer sur une assiette de service.

LA BOUGIE

Pour ce pliage utiliser une serviette amidonnée (fibres naturelles ou mélange naturel et synthétique).

1 - Plier la serviette dans sa diagonale de manière à former un triangle.

2 - Rabattre la base du triangle de 3 cm environ.

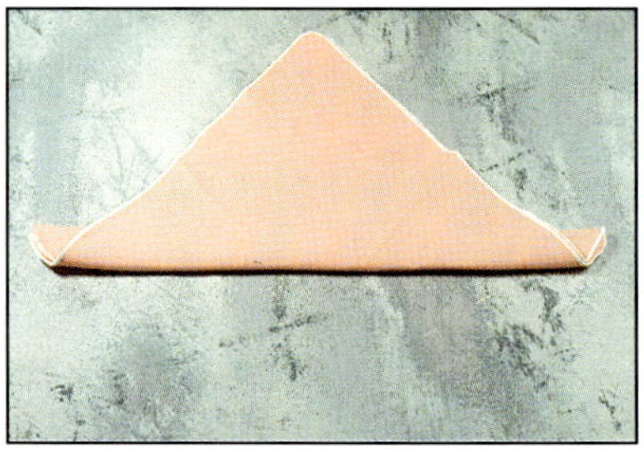

3 - Retourner le pliage.

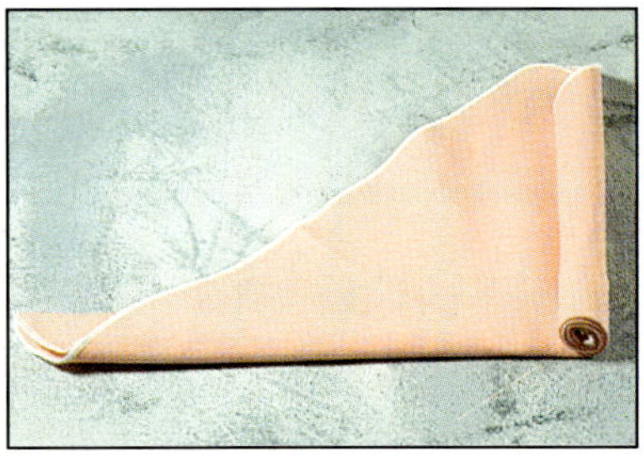

4 - Enrouler le triangle sur sa base.

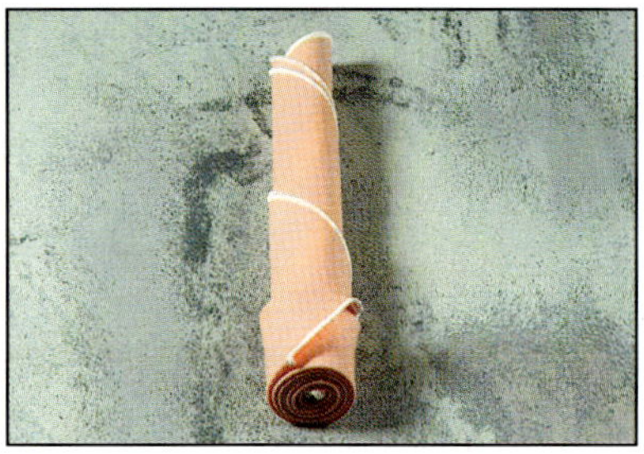

5 - Terminer en enfonçant le coin restant dans la bordure.

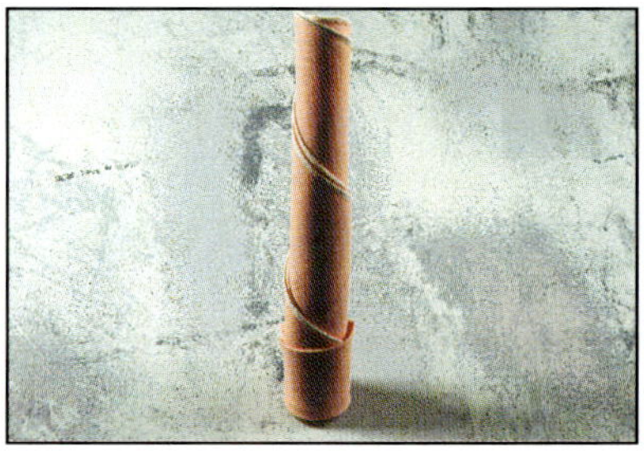

6 - Redresser le pliage.

LA FLEUR DE LYS

Pour ce pliage utiliser une serviette amidonnée (fibres naturelles ou mélange naturel et synthétique).

1 - Plier la serviette dans sa diagonale de manière à former un triangle et placer la base du triangle vers vous.

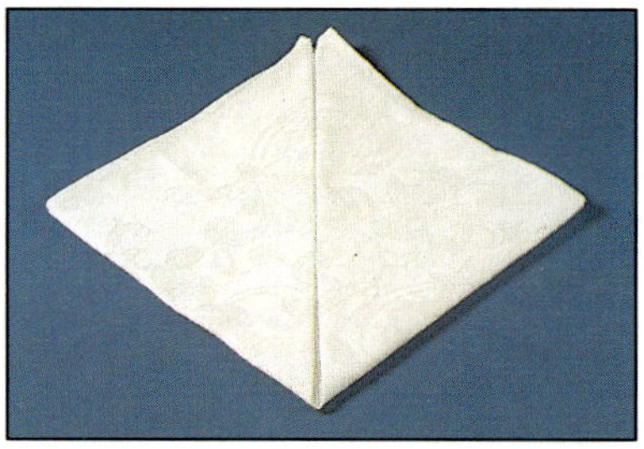

2 - Replier les angles gauche et droit de la base vers la pointe du triangle.

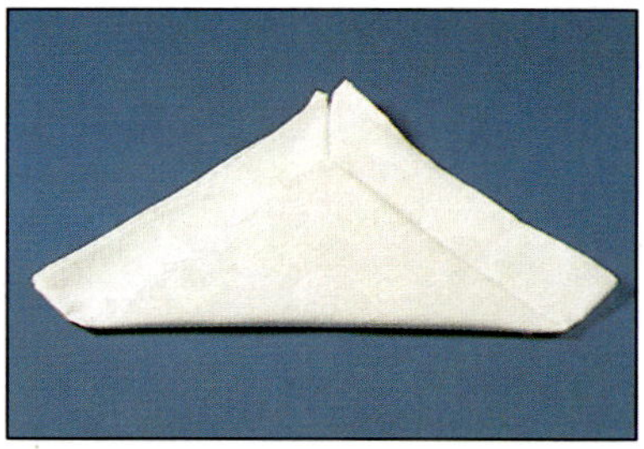

3 - Plier la pointe du bas aux 3/4 vers le haut.

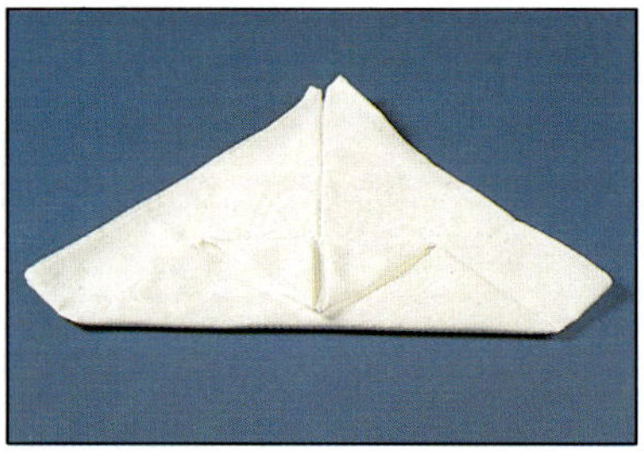

4 - Rabattre cette pointe vers la base.

5 - Retourner la serviette.

6 - Ramener l'extrémité droite de la base vers l'extrémité gauche de la base et glisser l'une dans le rebord de l'autre.

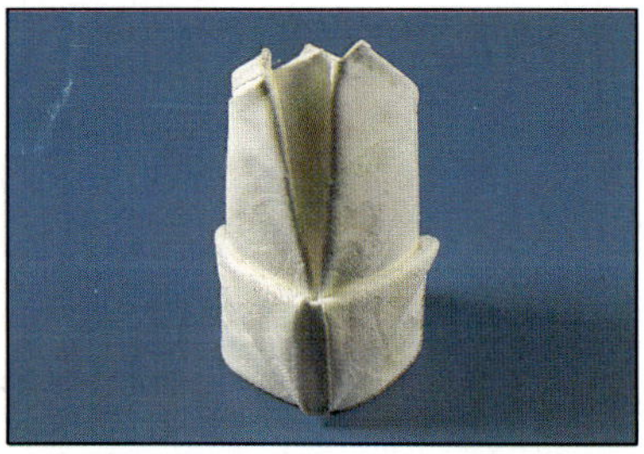

7- Redresser le pliage et lui donner du volume en écartant la base.

8 - Rabattre les 2 pointes du haut et les glisser dans le rebord du pli supérieur.

teau Frontenac
BORDEAUX
1988

LE MIRLITON

Pour ce pliage utiliser une serviette amidonnée (en fibres naturelles ou mélange naturel et synthétique).

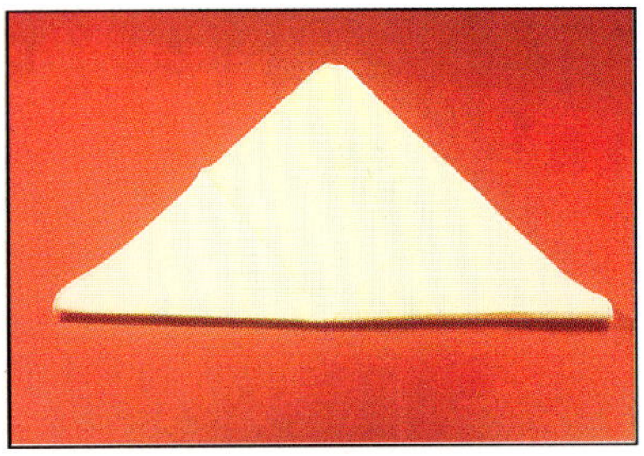

1 - Plier la serviette dans sa diagonale de manière à former un triangle.

2 - Enrouler la serviette sur elle-même en partant de la base du triangle.

3 - Plier le pliage en 2 parties égales et placer la serviette dans un verre pour la pésentation.

LE SMOKING

Utiliser une serviette amidonnée (fibres naturelles ou mélange naturel et synthétique).

1 - Plier la serviette dans sa diagonale de manière à former un triangle et placer la base du triangle vers vous.

2 - Replier les angles gauche et droit de la base vers la pointe du triangle.

3 - Retourner le pliage.

4 - Maintenir une pression du doigt sur la pointe du haut et rabattre l'angle droit du losange vers le centre.

5 - Maintenir une pression du doigt sur la pointe du haut et rabattre l'angle gauche du losange vers le centre.

6 - Retourner la pointe du haut de quelques centimètres vers le bas.

7 - Pivoter et retourner le pliage.

8 - Ourler vers l'extérieur le pli central afin de former un col.

Remarque : on peut découper un petit nœud papillon dans du papier et le placer sur le pliage.

LES PLIS

Utiliser une petite serviette amidonnée (fibres naturelles ou mélange naturel et synthétique) .

1 - Plier la serviette en 4 de manière à former un carré et placer la pointe ouverte vers la droite.

2 - Enrouler la première épaisseur jusqu'à la diagonale du carré.

3 - Enrouler la deuxième et la troisième épaisseur afin de l'insérer à la limite de la précédente.

4 - Pivoter et retourner le pliage. Rabattre le côté gauche vers le centre du carré.

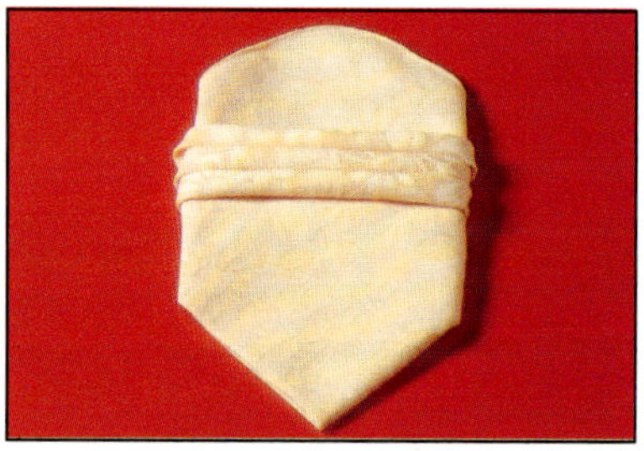

5 - Retourner le pliage.

1ère variante :

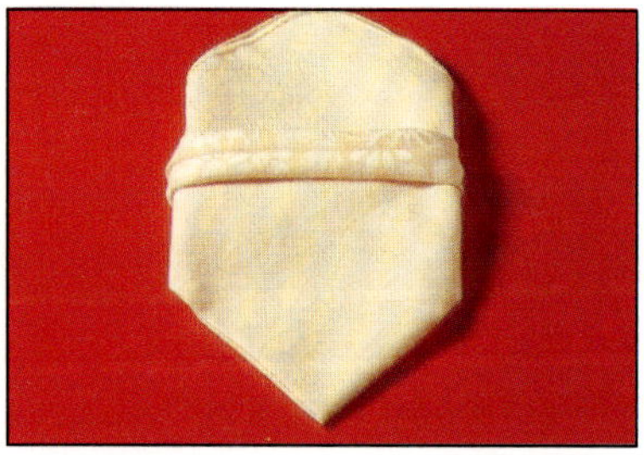

6 - Au lieu de faire 3 plis, on peut n'en faire que 2 ou un seul.

Remarque : on peut glisser, entre chaque pli, un couvert ou le menu.

2ème variante :

4 - Pivoter et retourner le pliage. Rabattre l'angle droit du haut vers le centre du carré.

5 - Rabattre l'angle inférieur vers le centre du carré.

6 - Retourner le pliage.

LA LIBELLULE

Utiliser une petite serviette amidonnée (fibres naturelles ou mélange naturel et synthétique).

1 - Plier la serviette en 4 pour obtenir un carré.

2 - Rabattre la première épaisseur selon la diagonale et la plier en accordéon vers le centre.

3 - Plier en accordéon la seconde épaisseur jusqu'au centre.

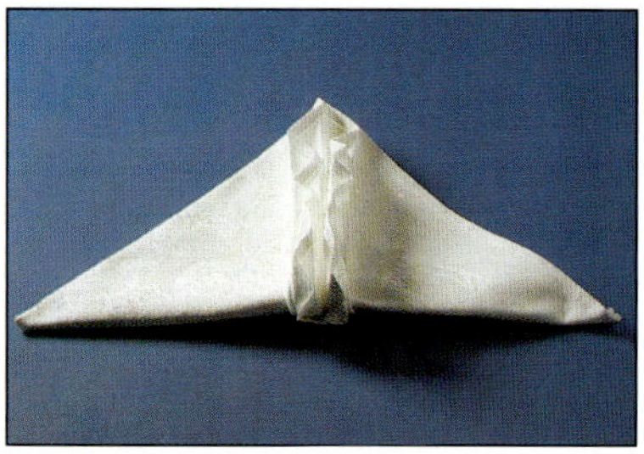

4 - Plier le pliage en 2 selon la deuxième diagonale pour la présentation.

LE PORTE-SERVIETTE

Utiliser une petite serviette amidonnée (fibres naturelles ou mélange naturel et synthétique).

1 - Plier la serviette dans sa diagonale de manière à former un triangle et placer la base du triangle vers vous.

2 - Plier aux 2/3 de la base l'angle gauche vers la droite.

3 - Plier l'angle droit de la base vers l'extrême gauche.

4 - Soulever en écartant la pointe de l'extérieur gauche et l'aplatir de manière à former un losange.

5 - Rabattre les pointes du haut vers le bas et glisser leurs extrémités dans le losange.

Remarque : On peut placer à l'intérieur du porte-serviette, un message ou le carton du menu.

L'ETOILE

Utiliser une petite serviette amidonnée (fibres naturelles ou mélange naturel et synthétique) pour ce pliage de serviette.

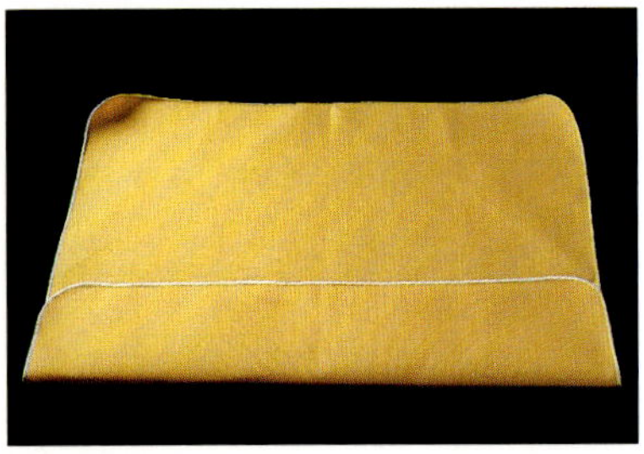

1 - Plier le côté bas sur le centre.

2 - Plier le côté haut sur le centre.

3 - Plier le côté droit sur le centre.

4 - Plier le côté gauche sur le centre.

5 - Tirer les 4 pointes de la deuxième épaisseur vers l'extérieur (celles du bas vers le bas et celles du haut vers le haut).

6 - Rabattre la pointe supérieure droite vers la droite et la pointe inférieure gauche vers la gauche pour former une étoile.

LES FACETTES

Pour ce pliage utiliser une petite serviette amidonnée (fibres naturelles ou mélange naturel et synthétique) ou une serviette en papier.

1 - Plier le côté bas sur le centre.

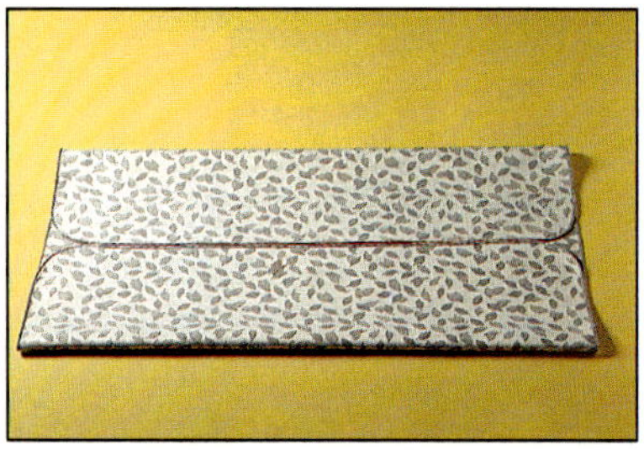

2 - Plier le côté haut sur le centre.

3 - Plier le côté droit sur le centre.

4 - Plier le côté gauche sur le centre.

5 - Tirer les pointes de la deuxième épaisseur vers l'extérieur (celles du bas vers le bas et celles du haut vers le haut).

6 - Soulever et ouvrir chaque pointe pour l'aplatir vers le centre afin de former un carré.

7 - Rabattre la pointe supérieure de chaque carré vers l'extérieur.

LE PLASTRON

Utiliser une petite serviette (fibres naturelles ou mélange naturel et synthétique) amidonnée pour ce pliage.

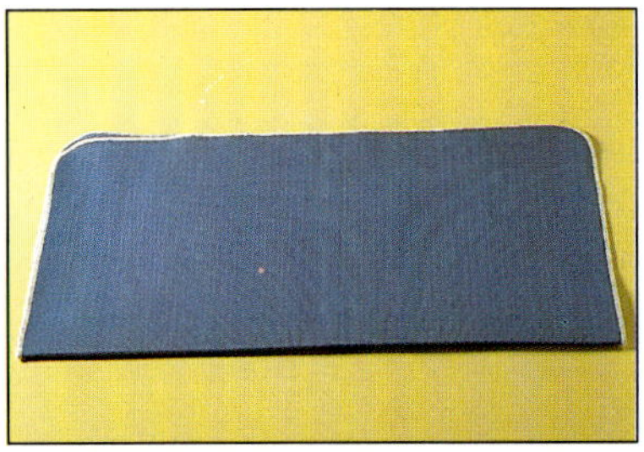

1 - Plier la serviette en 2 parties pour former un rectangle (le pli ouvert vers le haut).

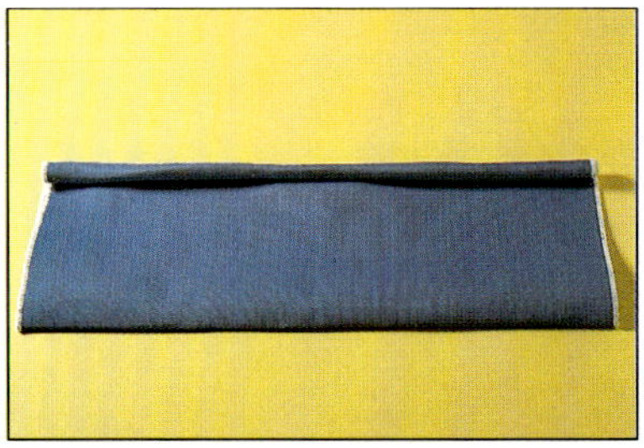

2 - Enrouler le côté haut sur lui-même sur 3 cm environ.

3 - Replier l'angle supérieur droit vers le bas en travers de la serviette, à 1 cm du centre.

4 - Replier l'angle supérieur gauche vers le bas, en travers de la serviette, à 1 cm du centre.

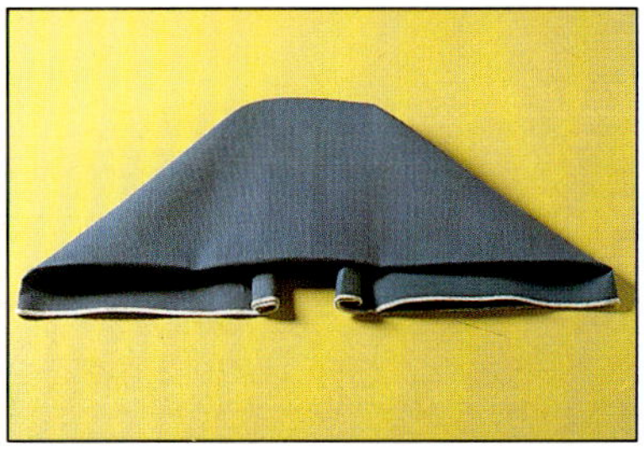

5 - Retourner le pliage.

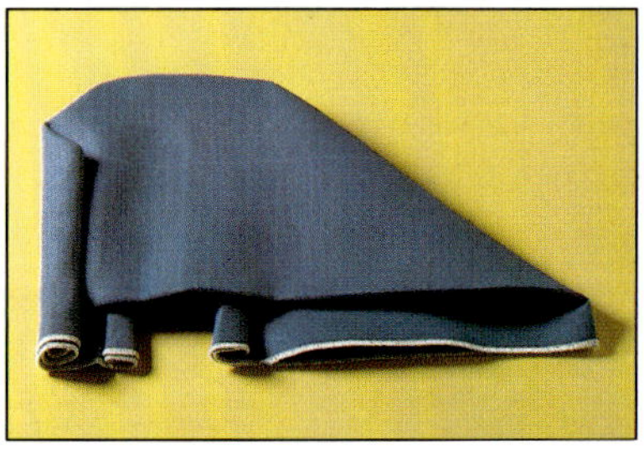

6 - Enrouler l'extrémité gauche jusqu'à atteindre le rouleau du centre.

7 - Enrouler l'extrémité droite jusqu'à atteindre le rouleau du centre.

8 - Retourner le pliage pour la présentation.

LE PAPILLON

Utiliser une serviette amidonnée (fibres naturelles ou mélange naturel et synthétique).

1 - Plier le bord inférieur et supérieur sur le centre de la serviette.

2 - Plier la longueur supérieure sous la longueur inférieure.

3 - Replier le côté droit sur les 3/4 et rabattre le pan supérieur sur le côté droit.

4 - Replier le côté gauche sur le bord droit et rabattre le pan supérieur sur le côté gauche.

5 - Soulever les 2 premières épaisseurs de l'angle supérieur droit sur le côté gauche, de manière à former un triangle dont la pointe se situe vers le bas.

6 - Rabattre le pan supérieur de l'angle supérieur droit sur l'angle supérieur gauche.

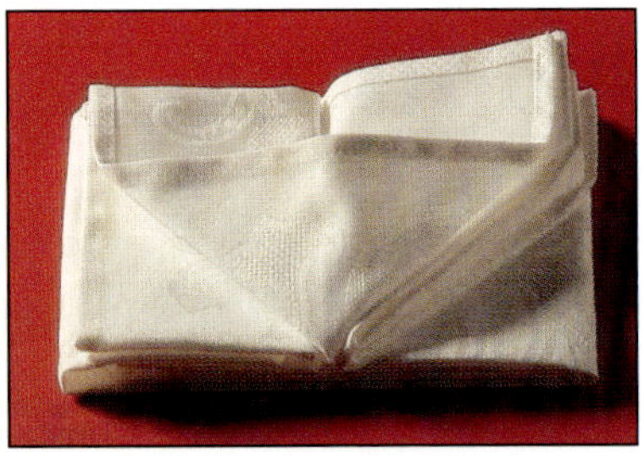

7 - Rabattre vers la droite les deux pliages effectués puis plier l'angle supérieur gauche sur l'angle supérieur droit de manière à former un triangle dont la pointe se situe vers le bas.

8 - Rabattre le pan supérieur de l'angle supérieur droit sur l'angle supérieur gauche et terminer le 4 éventail selon la même technique.

9 - Ecarter en donnant du volume aux plis afin de former les ailes du papillon.

A L'ANCIENNE

Utiliser une serviette festonnée ou brodée (fibres naturelles ou mélange naturel et synthétique).

1 - Plier la serviette dans sa diagonale de manière à former un triangle et placer la base du triangle vers soi.

2 - Replier les angles gauche et droit de la base vers la pointe du triangle.

3 - Rabattre la pointe du bas sous le pliage.

4 - Rabattre les extrémités gauche et droite en les insérant l'une dans l'autre sur le centre.

5 - Retourner et redresser le pliage pour la présentation en lui donnant du volume.

THORIN

LE BOURGEON

Utiliser une serviette amidonnée (fibres naturelles ou mélange naturel et synthétique).

1 - Plier la serviette en 3 parties égales (pli supérieur vers le bas).

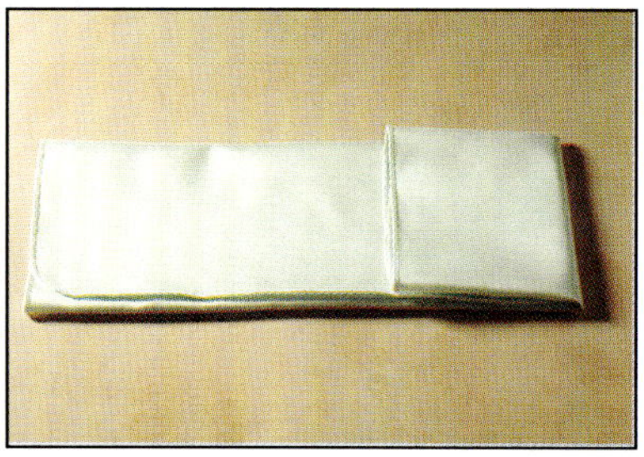

2 - Replier le côté droit sur le centre.

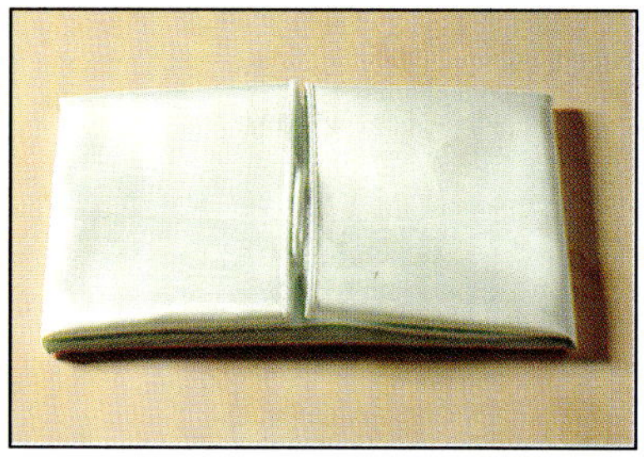

3 - Replier le côté gauche sur le centre.

4 - Replier l'angle supérieur gauche et l'angle supérieur droit vers le centre de manière à former un triangle.

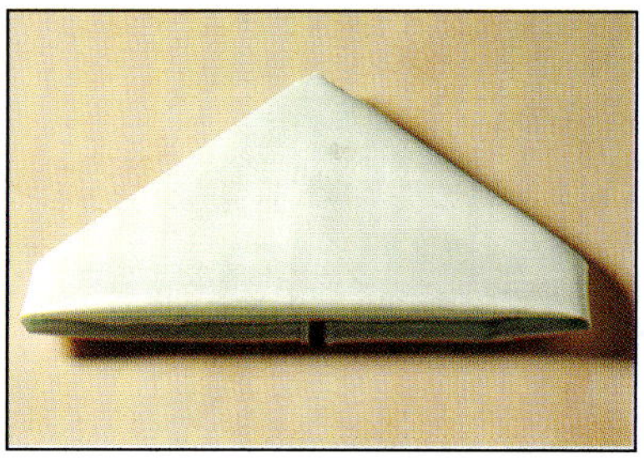

5 - Retourner le pliage.

6 - Ramener l'extrémité droite de la base vers l'extrémité gauche de la base et glisser l'une dans le rebord de l'autre, donner du volume au pliage en écartant la base et en ouvrant les plis.

7 - Redresser le pliage et le placer sur sa base.

SAINT EMILION GRAND CRU
Chateau Soutard
GRAND CRU CLASSÉ
1983

LA FRAISE

Utiliser une serviette très amidonnée pour ce pliage (fibres naturelles ou d'un mélange de fibres synthétiques et naturelles).

1 - Plier le bord inférieur sur les 3/4 de la serviette.

2 - Rabattre ce même bord sur le bord inférieur.

3 - Plier le bord supérieur sur le bord inférieur et rabattre ce bord sur le bord supérieur.

4 - Plier en 2 : le côté du bas sous le côté du haut.

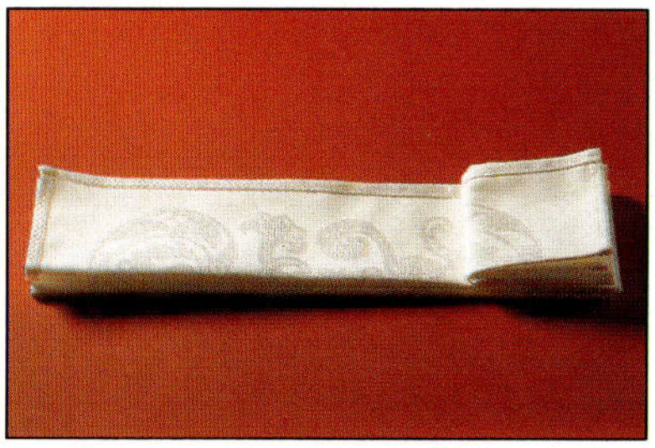

5 - Plier le côté droit vers la gauche sur les 3/4 du pliage puis le rabattre sur le bord droit.

6 - Plier le côté gauche sur le bord droit, puis le rabattre sur le bord gauche.

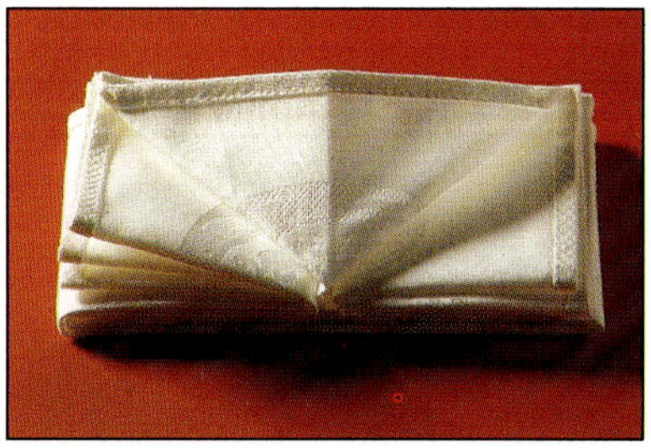

7 - Plier l'angle supérieur droit sur l'angle supérieur gauche de manière à former un triangle dont la pointe se situe vers le bas.

8 - Plier l'angle supérieur droit sur l'angle supérieur gauche. Faire de même pour les 2 autres pans puis rabattre les plis ainsi faits sur le côté droit.

9 - Procéder de la même manière pour le côté gauche.

10 - Donner du volume au pliage en ouvrant délicatement tous les plis.

LE CHANDELIER A 3 BRANCHES

Utiliser une serviette amidonnée (fibres naturelles ou mélange naturel et synthétique), ou une serviette en papier.

1 - Plier la serviette dans sa diagonale de manière à former un triangle et placer la pointe du triangle vers soi.

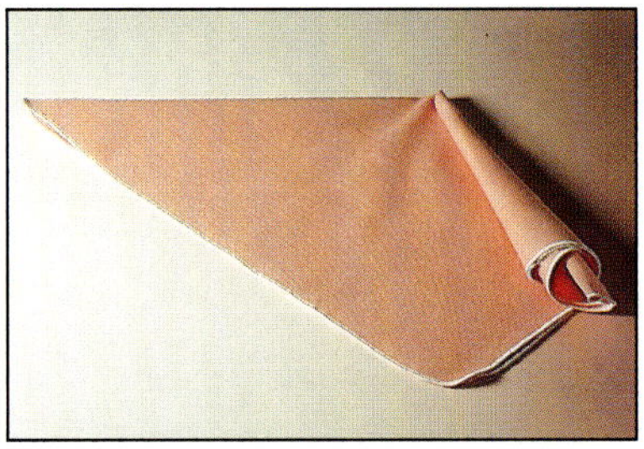

2 - Maintenir une pression du doigt sur le milieu de la base du triangle puis enrouler l'angle gauche jusqu'à 1 cm du centre.

3 - Maintenir une pression du doigt sur le milieu de la base du triangle puis enrouler l'angle droit jusqu'à 1 cm du centre.

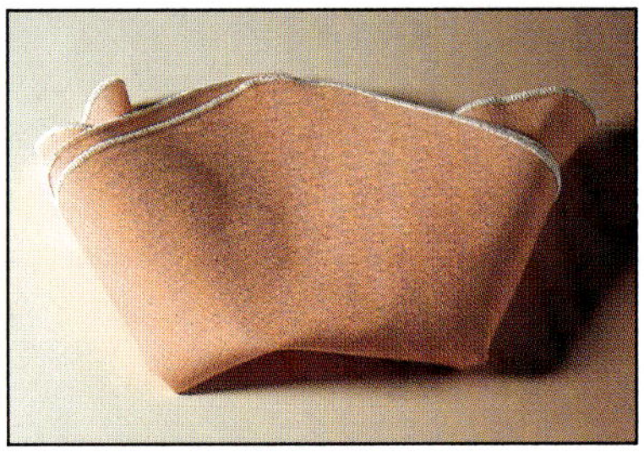

4 - Rabattre la pointe du bas à la hauteur des 2 autres pointes.

5 - Présenter le pliage dans un verre, les pointes vers le haut.

ALSACE

L'ECLOSION

Utiliser une serviette amidonnée (fibres naturelles ou mélange naturel et synthétique).

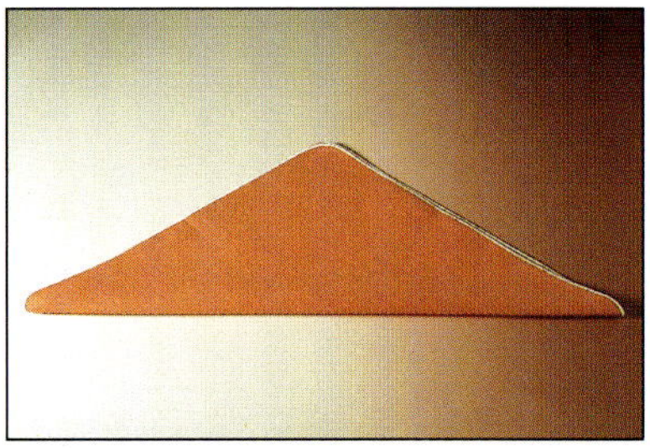

1 - Plier la serviette, dans sa diagonale, en 2 de manière à former un triangle (la pointe vers le haut).

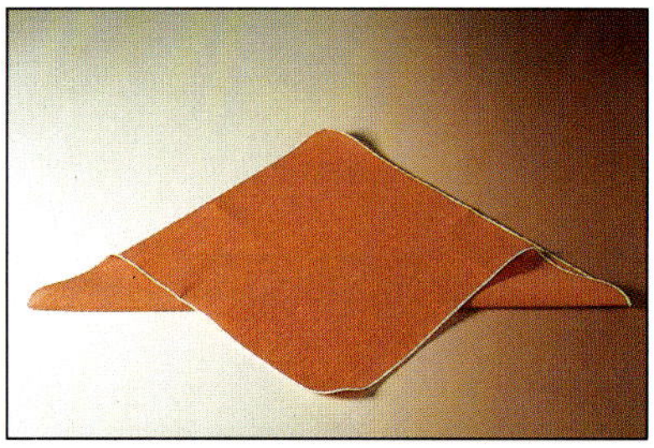

2 - Rabattre la première épaisseur de la pointe vers le bas en faisant dépasser de moitié celle-ci de la base du triangle.

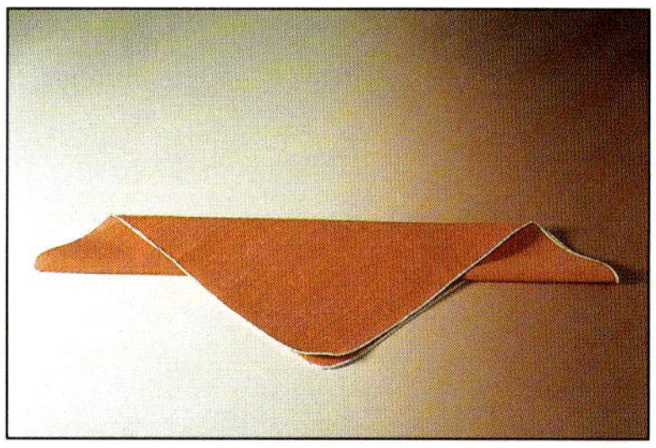

3 - Retourner la serviette et faire de même.

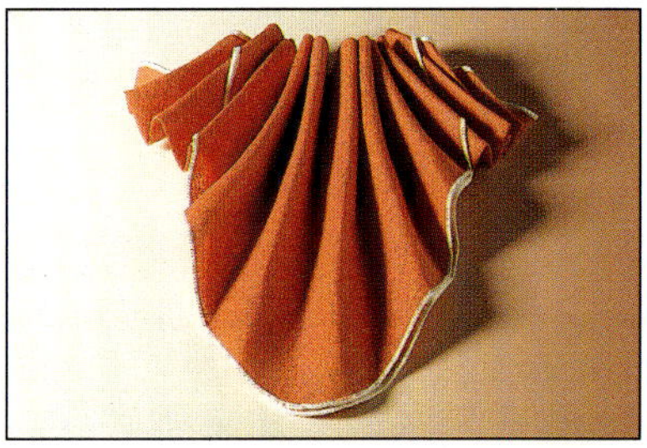

4 - Plisser de gauche à droite sur toute la longueur.

5 - Disposer le côté haut du pliage dans un verre et rabattre le pan de devant vers le bas pour la présentation.

LA TIARE

Utiliser une serviette amidonnée (fibres naturelles ou mélange naturel et synthétique).

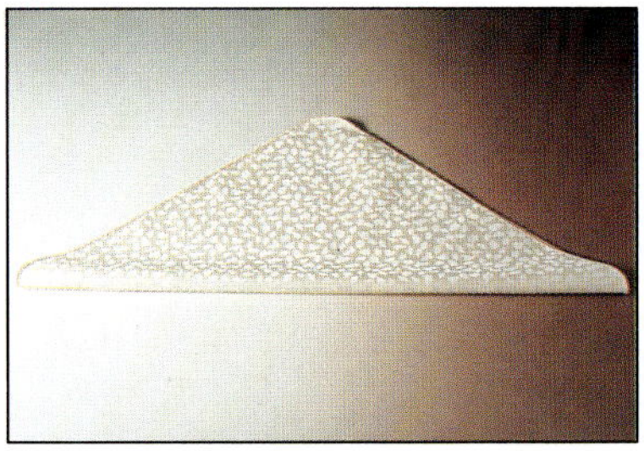

1 - Plier la serviette dans sa diagonale de manière à former un triangle et placer la base du triangle vers soi.

2 - Replier les angles gauche et droit de la base vers la pointe du triangle.

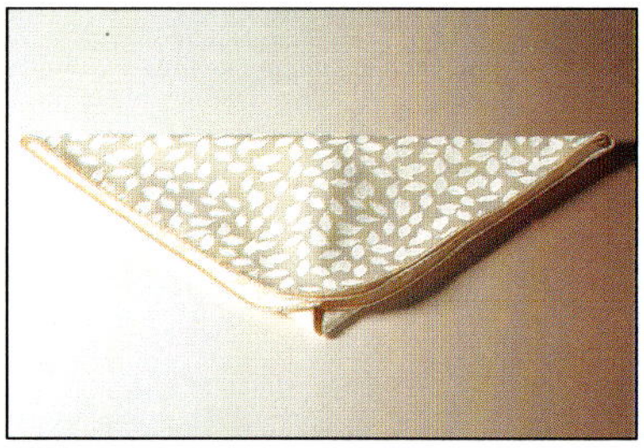

3 - Plier la pointe du haut vers la pointe du bas de manière à former un triangle.

4 - Retourner le pliage.

5 - Ramener l'extrémité droite de la base vers l'extrémité gauche de la base et glisser l'une dans le rebord de l'autre.

6 - Donner du volume au pliage en écartant la base.

7 - Rabattre la première pointe jusqu'à la base du pliage.

8 - Rabattre la deuxième pointe sur une partie de la première.

9 - Rabattre les 2 dernières pointes pour les fixer dans l'ourlet formé par la deuxième pointe.

LA TROMPETTE EN EVENTAIL

Utiliser une serviette amidonnée (fibres naturelles ou mélange naturel et synthétique).

1 - Plier le côté bas sur le centre.

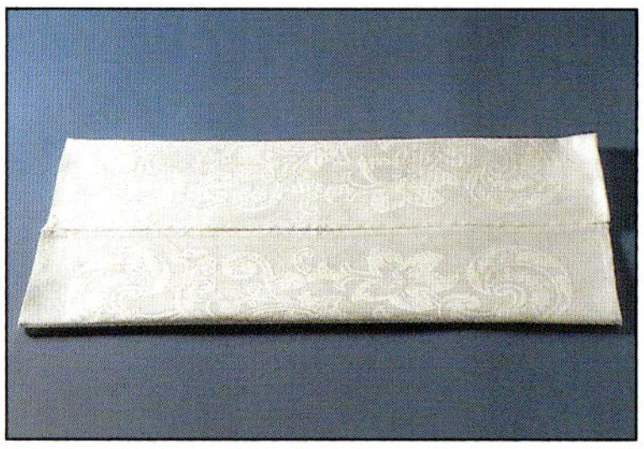

2 - Plier le côté haut pour qu'il rejoigne le centre.

3 - Plier le côté gauche sur le centre.

4 - Ecarter les pointes qui se situent sous la première épaisseur du rectangle de gauche (celles du bas vers le bas et celles du haut vers le haut).

5 - Enrouler le côté gauche vers le centre.

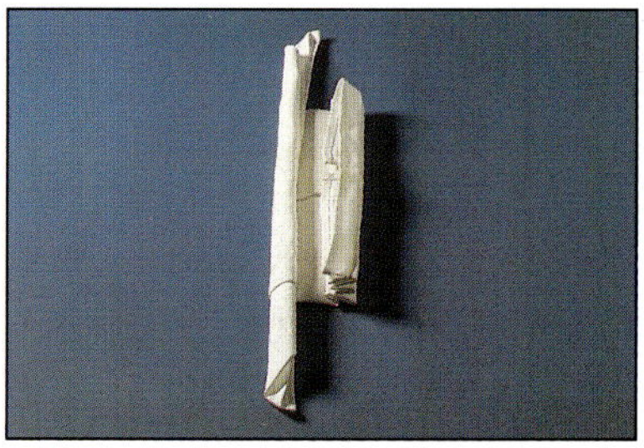

6 - Plisser le côté droit en accordéon vers le centre.

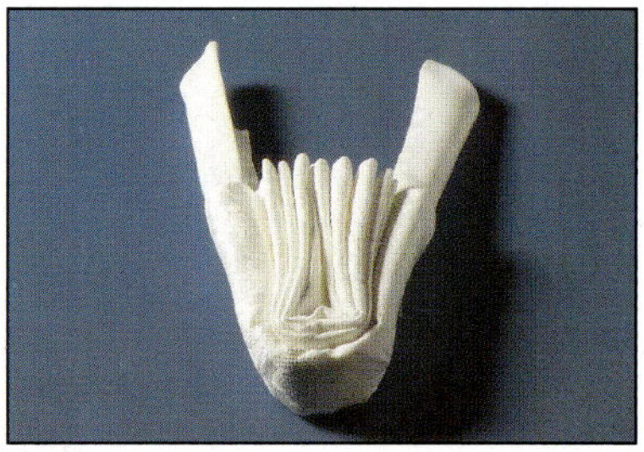

7 - Juxtaposer la base du rouleau et la base de l'accordéon. Plier en 2 sur la partie enroulée.

8 - Disposer la base du pliage dans un verre pour la présentation.

Grand Cru Classe
CHATEAU

LE CAMELIA

Pour ce pliage utiliser une serviette amidonnée (fibres naturelles ou mélange naturel et synthétique).

1 - Plier la serviette en 4 pour former un carré et le placer en losange devant soi (les plis ouverts vers le bas).

2 - Plier les 2 pans supérieurs de la pointe du bas sur la pointe du haut.

3 - Retourner le pliage.

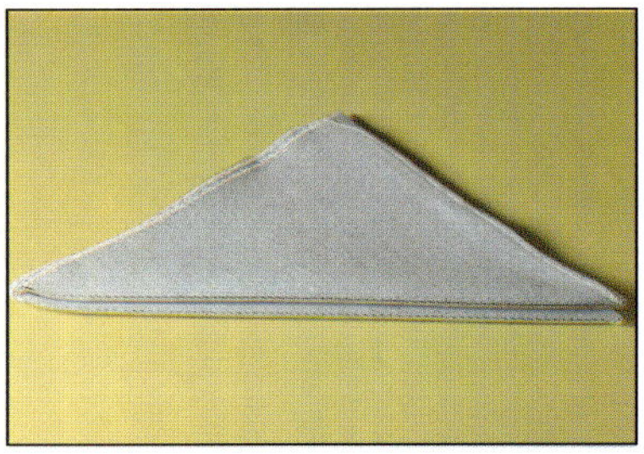

4 - Plier les 2 pans de la pointe du bas sur la pointe du haut.

5 - Plier la base du triangle en accordéon.

6 - Disposer la base dans un verre. Tirer 2 pointes vers la droite et 2 pointes vers la gauche.

7 - Ouvrir le centre pour former la fleur.

TUYAUX D'ORGUE

Utiliser une serviette très amidonnée (fibres naturelles ou mélange naturel et synthétique) ou en papier.

1 - Plier la serviette en 4 pour former un carré (plis ouverts vers la gauche).

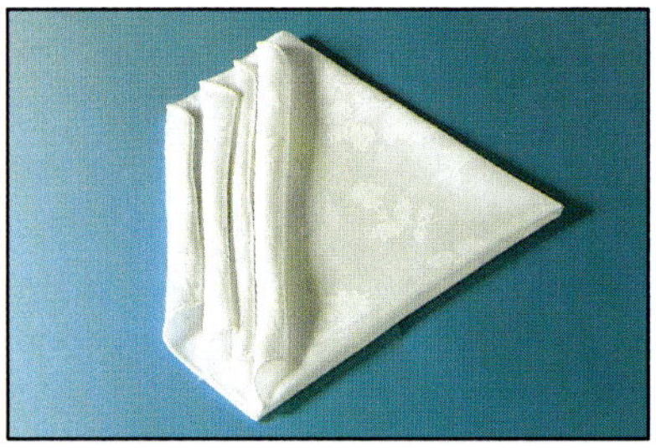

2 - Enrouler les 4 pans vers le centre.

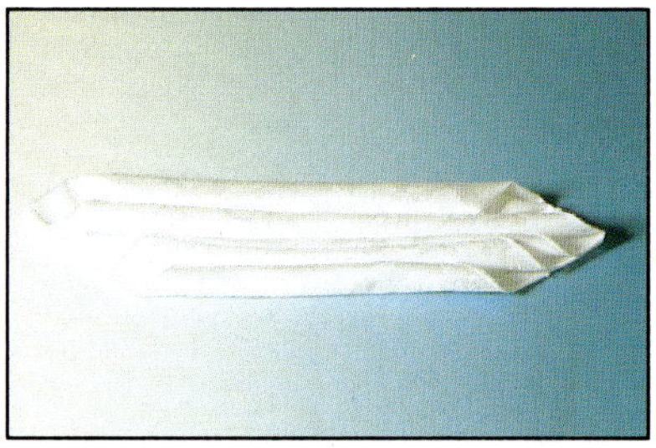

3 - Enrouler le côté droit vers le centre.

LA LAVALLIERE

Utiliser une serviette amidonnée (fibres naturelles ou mélange naturel et synthétique).

1 - Plier la serviette en 4 pour obtenir un carré.

2 - Rabattre la première épaisseur selon la diagonale et la plier en accordéon vers le centre.

3 - Plier en accordéon la seconde épaisseur jusqu'au centre.

4 - Plier le pliage en 2.

5 - Ramener les côtés droit et gauche du triangle vers le centre et les glisser l'un dans l'autre pour les fixer.

6 - Donner du volume au pliage en écartant la base et en ouvrant légèrement l'accordéon pour la présentation.

LA FEUILLE D'ERABLE

Utiliser une serviette amidonnée (fibres naturelles ou mélange naturel et synthétique).

1 - Plier la serviette en 2 de manière à former un rectangle (les plis ouverts vers le haut).

2 - Ramener l'angle supérieur gauche et droit de la première épaisseur vers le milieu du bas de manière à réaliser un triangle.

3 - Retourner le pliage.

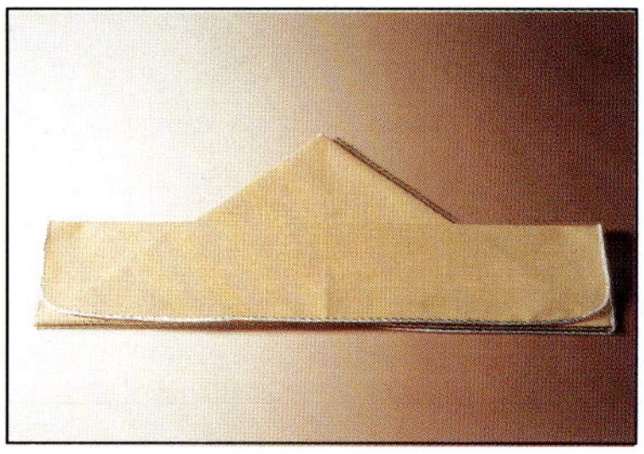

4 - Rabattre la longueur du haut sur la longueur du bas.

5 - Maintenir une pression du doigt sur le milieu de la longueur du bas et relever les coins inférieurs gauche et droit en diagonale (à 45° environ).

6 - Plisser la serviette en accordéon de la droite vers la gauche.

7 - Placer la base du pliage dans un verre pour la présentation.

LA FEUILLE DE PALME

Utiliser une serviette amidonnée (fibres naturelles ou mélange naturel et synthétique).

1 - Plier la serviette dans sa diagonale de manière à former un triangle et à placer la base du triangle vers soi.

2 - Plier la pointe supérieure du triangle vers le bas de manière à ce que celle-ci dépasse d'1/3 de la base du triangle.

3 - Rabattre cette pointe vers le haut de manière à ce que la base du petit triangle se superpose à la base du grand triangle.

4 - Plisser en accordéon le pliage sur sa base, de gauche à droite.

5 - Disposer le pliage dans un verre pour la présentation.

LA DENTELLIERE

Utiliser une petite serviette festonnée ou brodée pour ce pliage.

1 - Plier la serviette en 4 pour former un losange (les plis ouverts vers le haut).

2 - Rabattre les pointes du haut une à une vers la pointe du bas en les décalant légèrement les unes par rapport aux autres.

LE CORNET A GLACE

Utiliser une serviette amidonnée (fibres naturelles ou mélange naturel et synthétique).

1 - Plier la serviette en 3 parties égales pour obtenir un rectangle (pli supérieur vers le bas.

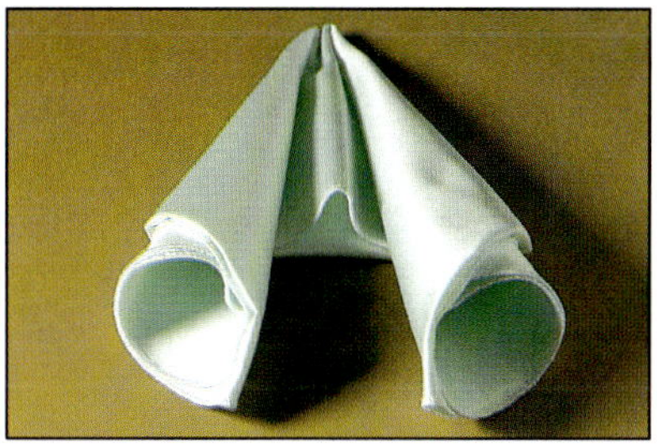

2 - En tenant les 2 extrémités supérieures à l'aide des 2 mains, les enrouler en diagonale, d'un seul mouvement, en faisant pivoter vos poignets jusqu'à ce que vos mains se rejoignent au centre pour obtenir 2 cônes.

3 - Dégager les doigts et placer la pointe du pliage dans un verre pour la présentation.

LES AILES

Utiliser une serviette festonnée (fibres naturelles ou mélange naturel et synthétique).

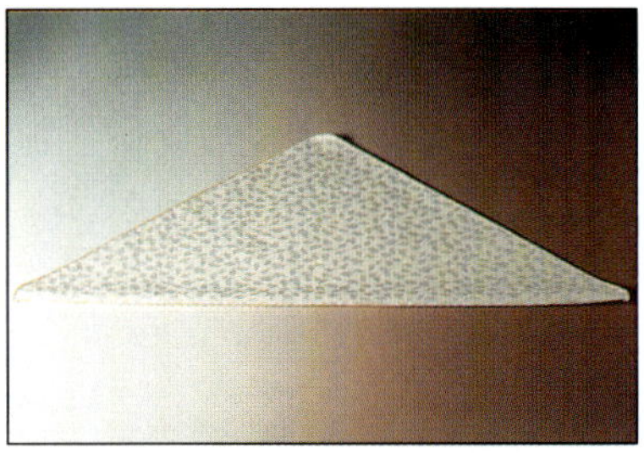

1 - Plier la serviette dans sa diagonale de manière à former un triangle et placer la base du triangle vers soi.

2 - Replier les angles gauche et droit de la base vers la pointe du triangle.

3 - Retourner le pliage.

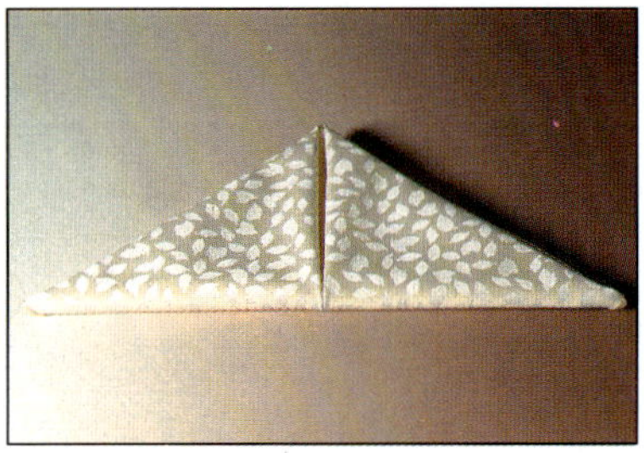

4 - Rabattre la pointe du bas sur la pointe du haut.

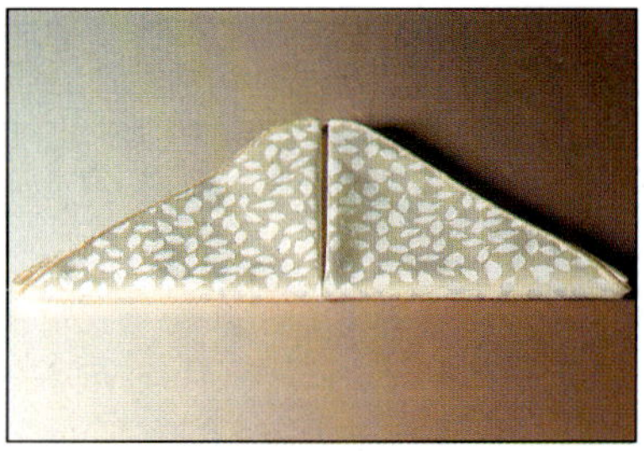

5 - Retourner la serviette.

6 - Plier le triangle de gauche sur le triangle de droite.

7 - Poser le triangle sur sa base pour la présentation.

LE NENUPHAR

Utiliser une serviette très amidonnée (fibres naturelles ou mélange naturel et synthétique).

1 - Plier les 4 coins de la serviette vers le centre.

2 - Plier les 4 nouveaux coins vers le centre pour former un carré plus petit.

3 - Retourner la serviette.

4 - Plier les 4 coins vers le centre et maintenir l'ensemble en appuyant fermement avec le doigt au centre du carré.

1ère variante :

5 - Ramener chaque coin du dessous vers le haut jusqu'à ce qu'il apparaisse derrière chaque coin.

6- Après avoir formé les 4 premiers pétales, ramener les 4 pans simples du dessous entre les pétales.

2ème variante :

5 - Tirer sur chaque coin du dessous vers le haut.

6 - Après avoir formé les 4 premiers pétales, ramener les 4 pans simples entre les pétales vers le centre.

Remarque : pour la première variante, on peut placer au cœur du nénuphar une tasse, une soucoupe ou un bol.

Pour la deuxième variante, on peut placer à l'intérieur du nénuphar un petit pain, une carafe à vin ou un ananas.

LA PIERRE PRECIEUSE

Utiliser une serviette festonnée ou brodée (fibres naturelles ou mélange naturel et synthétique).

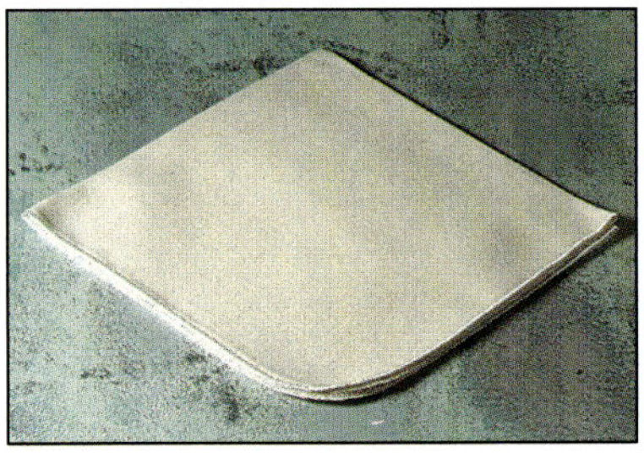

1 - Plier la serviette en 4 pour former un carré et le placer en losange devant vous (les plis ouverts vers le bas).

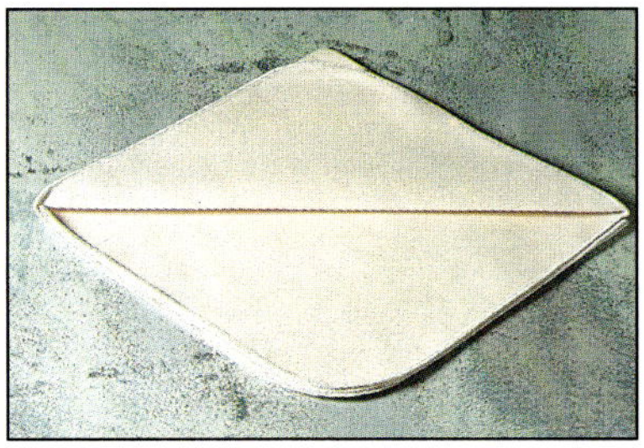

2 - Plier la première pointe du bas à l'autre extrémité vers le haut.

3 - Rabattre cette pointe jusqu'à la ligne médiane.

4 - Rabattre la pointe de la deuxième pointe du bas jusqu'à la ligne médiane.

5 - Retourner le pliage.

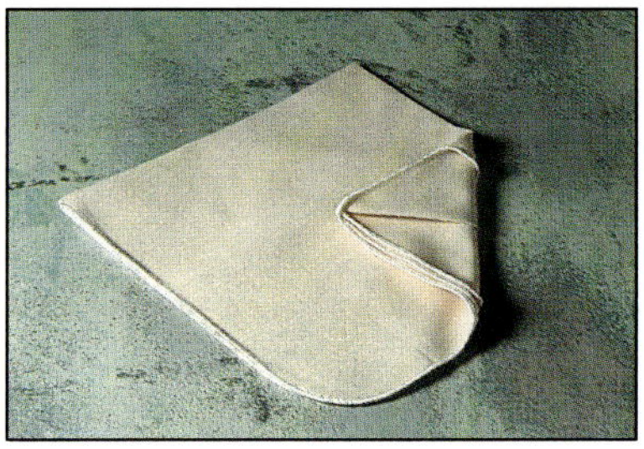

6 - Plier l'angle de l'extrémité droite jusqu'au centre du losange.

7 - Plier l'angle de l'extrémité gauche jusqu'au centre du losange.

8 - Retourner le pliage pour la présentation.

LA CROIX

Utiliser une serviette très amidonnée (fibres naturelles ou mélange naturel et synthétique).

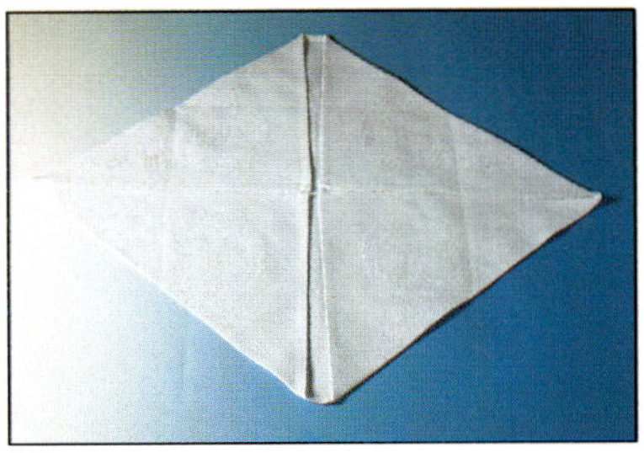

1 - Plier les 4 coins de la serviette vers le centre.

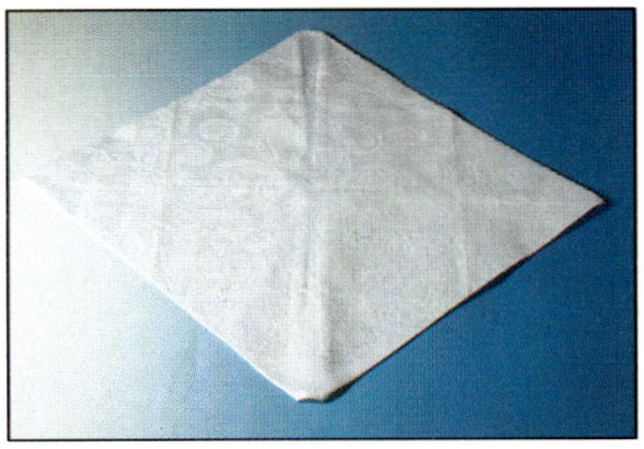

2 - Retourner la serviette.

3 - Plier les 4 coins vers le centre pour former un carré plus petit.

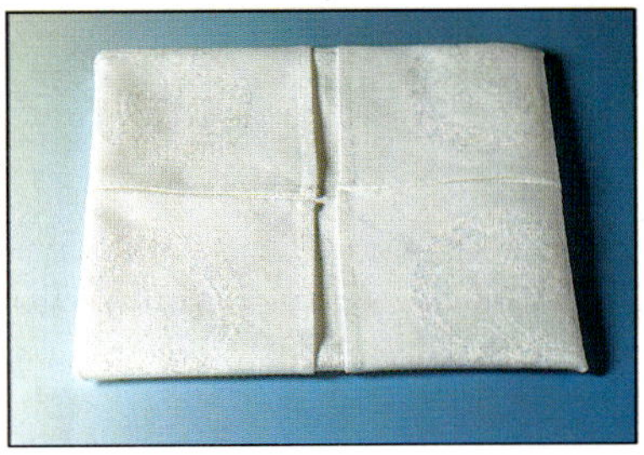

4 - Retourner la serviette.

5 - Plier les 4 coins vers le centre.

6 - Retourner le pliage.

7 - Ramener chaque pointe du centre vers l'extérieur du carré en les aplatissant.

8 - Retourner le pliage pour la présentation.

L'EVENTAIL PALME

Utiliser une serviette amidonnée (fibres naturelles ou mélange naturel et synthétique) ou une serviette de papier.

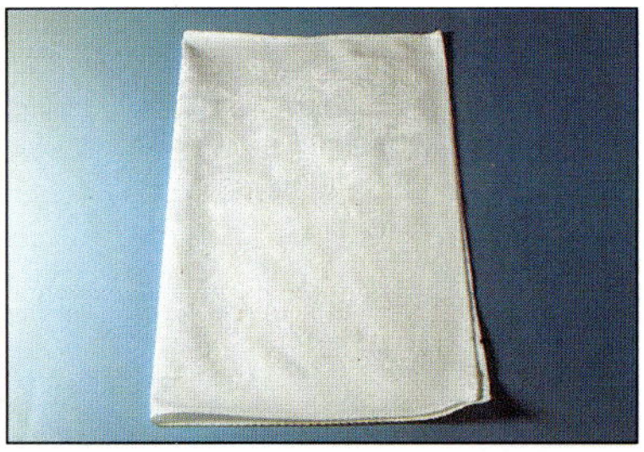

1 - Plier la serviette en 2 pour obtenir un rectangle (largeur vers le bas, plis ouverts vers la droite).

2 - Plier le pan supérieur droit sur le côté gauche.

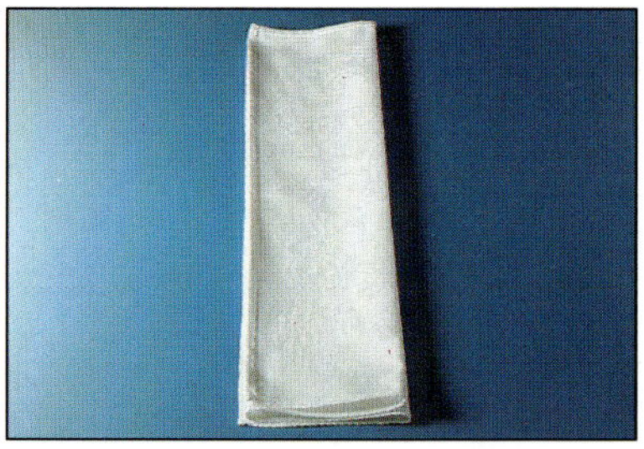

3 - Plier le pan inférieur droit sous le côté gauche.

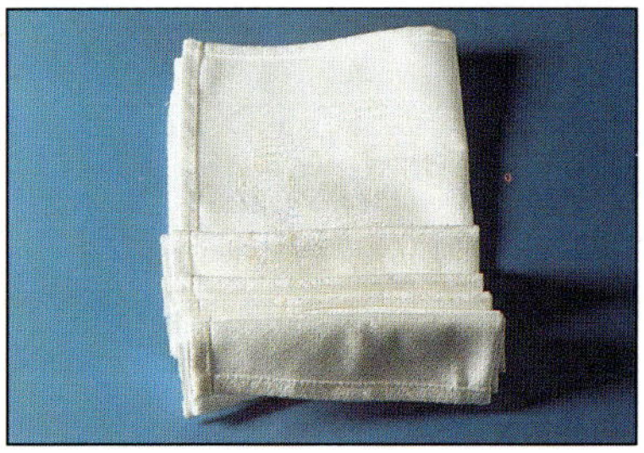

4 - Plisser la serviette en accordéon en commençant par le bas.

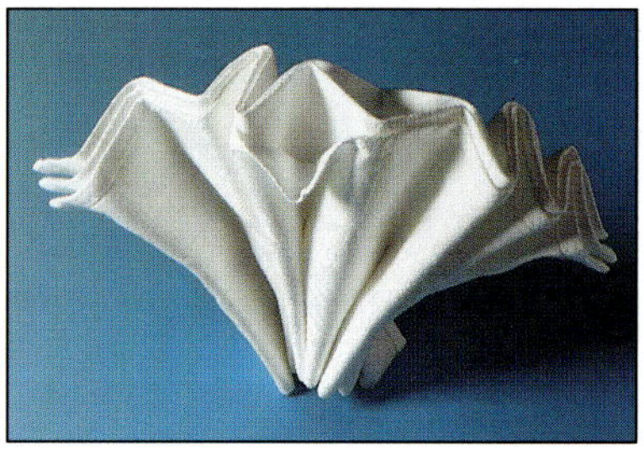

5 - Maintenir les plis serrés avec la main droite et rabattre en triangle les plis intérieurs de chaque côté.

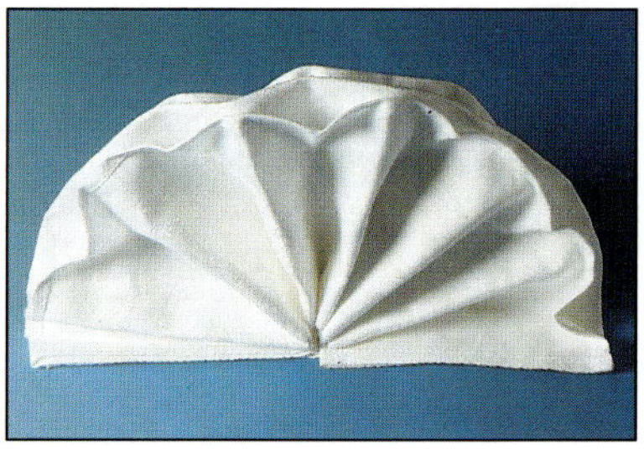

6 - Ouvrir en éventail et disposer le pliage sur une assiette pour la présentation.

L'EVENTAIL SUR ASSIETTE

Utiliser une serviette amidonnée (fibres naturelles ou mélange naturel et synthétique) ou une serviette en papier.

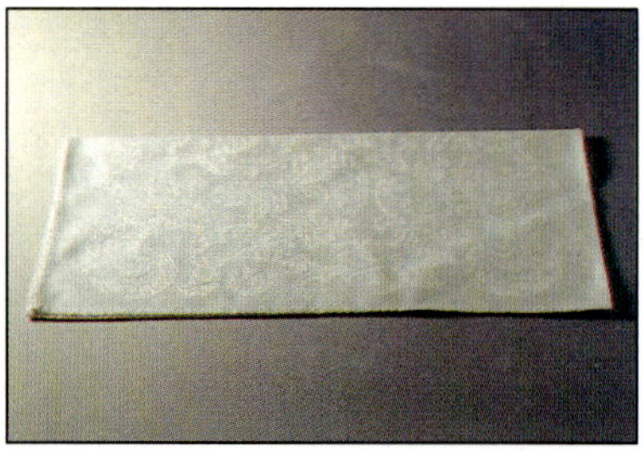

1 - Plier la serviette en 2 pour obtenir un rectangle (plis ouverts vers le bas).

2 - Plisser les 2/3 de la serviette en accordéon en commençant par la gauche.

3 - Retourner le pliage, les plis de l'accordéon en-dessous.

4 - Plier l'ensemble en 2.

5 - Rabattre le coin supérieur droit en suivant la diagonale. Rabattre le bord par dessous.

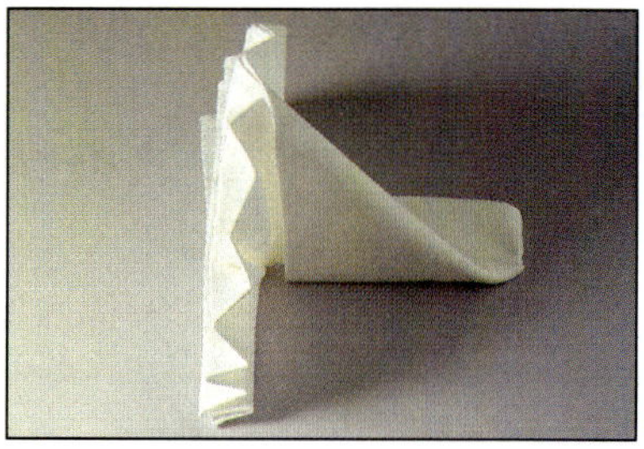

6 - Libérer les plis .

7 - Disposer le pliage pour la présentation.

LA PLUME

Utiliser une serviette amidonnée (fibres naturelles ou mélange naturel et synthétique).

1 - Plier la serviette dans sa diagonale de manière à former un triangle et placer la base du triangle vers soi.

2 - Maintenir une pression du doigt au milieu de la base du triangle et ramener le pan supérieur de la pointe du triangle sur l'angle gauche de la base.

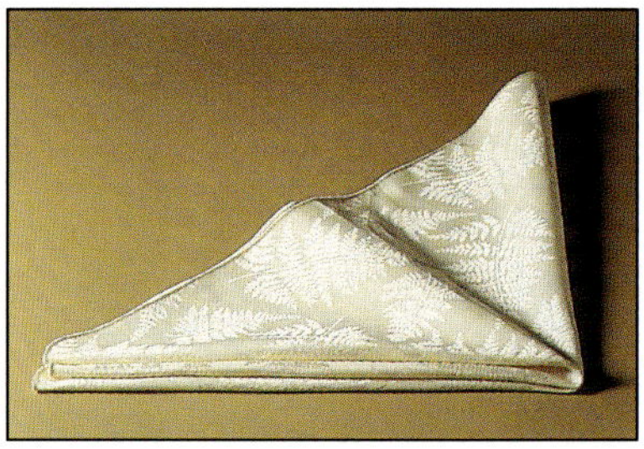

3 - Renouveler l'opération avec le pan supérieur suivant.

4 - Ramener également le dernier pan en rabattant simplement celui-ci pour obtenir un triangle.

1ère variante :

5 - Tourner le pliage et décaler légèrement les triangles pour la présentation sur assiette.

2ème variante :

6 - Retourner le pliage (l'angle droit à votre gauche) et décaler légèrement les triangles.

7 - Enrouler le pliage en cône en partant de l'angle droit.

8 - Plier la pointe du cône et la placer dans un verre pour la présentation.

LE LOSANGE

Pour ce pliage utiliser une serviette brodée ou festonnée.

1 - Plier les 4 coins de la serviette vers le centre.

2 - Tourner la serviette sur l'un de ses côtés et la plier en 2 en rabattant le haut sur le bas.

3 - Replier en 2 de la gauche vers la droite.

4 - Tourner le pliage, pointes ouvertes vers le bas.

5 - Rabattre la première épaisseur et la placer à 3 cm de la pointe opposée.

6 - Rabattre la deuxième, la troisième et la quatrième épaisseur en les décalant.

7 - Replier les extrémités gauche et droite de la base sous la serviette de manière à former un losange.

LE CAMPAGNARD

Utiliser une petite serviette amidonnée (fibres naturelles ou mélange naturel et synthétique).

1 - Plier la serviette en 4 pour former un carré (la placer en losange, les plis ouverts vers le haut).

2 - Enrouler la première épaisseur du haut vers le centre.

3 - Retourner le pliage et rabattre les pointes droite et gauche vers le centre.

4 - Retourner la serviette pour la présentation.

Remarque : on peut glisser, dans l'ouverture du pli, des couverts ou un petit pain.

LE ROND DE SERVIETTE

Utiliser une serviette amidonnée pour ce pliage.

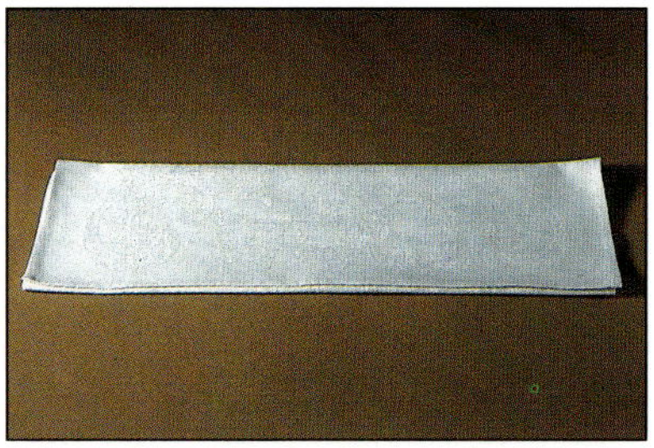

1 - Plier la serviette en 3 parties égales pour obtenir un rectangle.

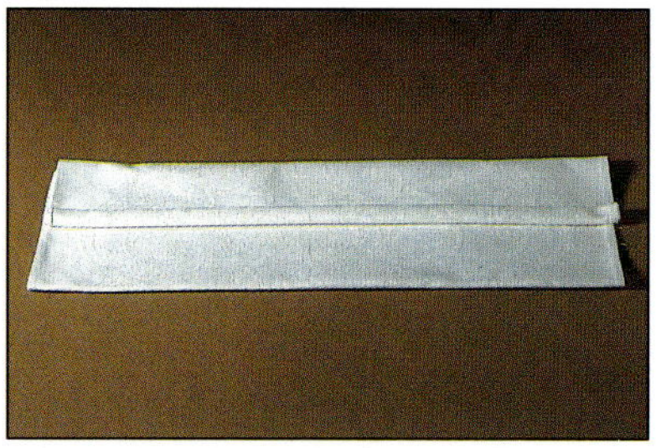

2 - Rouler le pan supérieur jusqu'à la moitié.

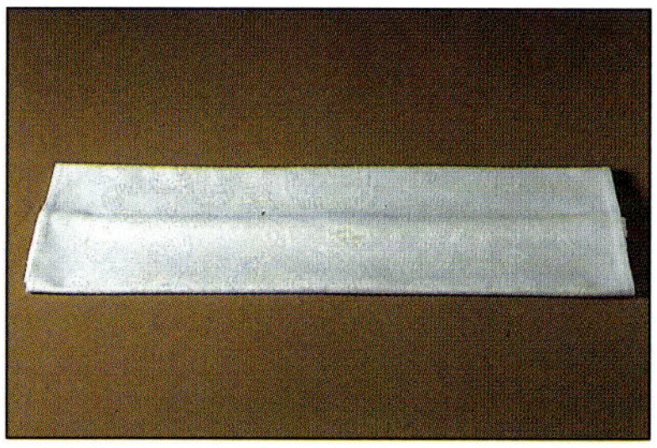

3 - Retourner la serviette.

4 - Enrouler la serviette sur elle-même, de la gauche vers la droite.

Remarque : Plusieurs variantes de ce pliage sont réalisables. On enroule dans la serviette divers objets :

- baguettes chinoises
- fleur coupée
- couvert complet (couteau, cuillère, fourchette).

Variante :

2 - Enrouler la serviette sur elle-même de la gauche vers la droite.

3 - Maintenir le pliage par une bague de papier ou un ruban de couleur.

LA GONDOLE

Utiliser une serviette très amidonnée pour ce pliage.

1 - Poser sur la serviette 2 épaisseurs de papier aluminium de même dimension.

2 - Plier les 2 pointes du haut vers le centre du carré avec les feuilles d'aluminium.

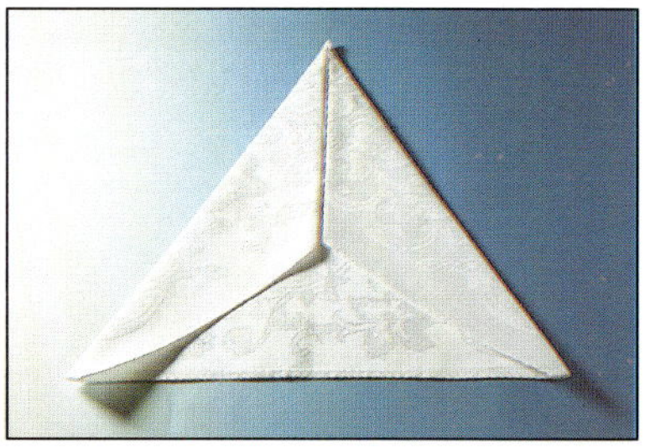

3 - Maintenir la pointe du triangle d'une pression du doigt et rabattre chaque côté du triangle vers le centre.

4 - Plier le triangle dans sa hauteur en deux.

5 - Maintenir une pression des doigts au fur et à mesure de l'enroulement en escargot de la pointe du haut (jusqu'à la moitié du pliage).

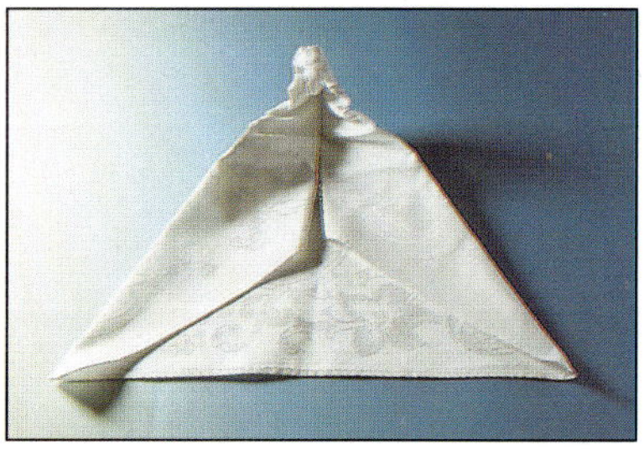

6 - Ouvrir les deux côtés du pliage.

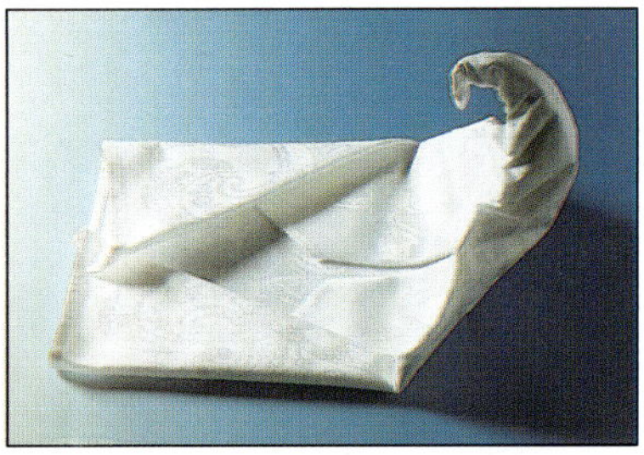

7- Rabattre les deux extrémités du bas vers le centre et redresser légèrement l'arrondi.

Remarque : utilisé pour la présentation sur plat de grandes pièces de poisson ou de composition qui doivent égoutter quelque peu (saumon, turbot, asperges, poissons pochés).

L'IRIS

Pour ce pliage utiliser une serviette amidonnée.

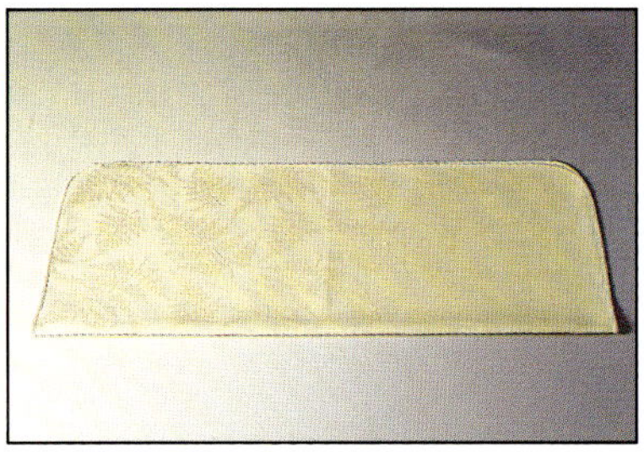

1 - Plier le côté bas sur le côté haut.

2 - Prendre le milieu du pan supérieur et le rabattre sur l'angle inférieur droit de manière à ce que l'angle supérieur de gauche se retrouve sur l'angle supérieur de droite.

3 - Prendre le milieu du pan supérieur et le rabattre sur l'angle inférieur droit de manière à ce que l'angle supérieur de gauche se retrouve sur l'angle supérieur de droite.

4 - Tourner le pliage d'1/4 de tour de manière à ce que la pointe fermée se situe vers le bas.

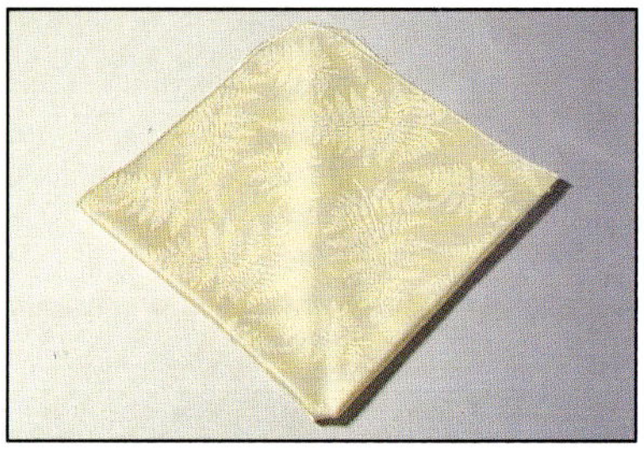

5 - Rabattre le pan supérieur de droite sur la gauche.

6 - Soulever jusqu'à la hauteur du centre le pan supérieur de gauche et aplatir de manière à former un triangle. Rabattre le pan supérieur de droite sur la gauche.

7 - Soulever jusqu'à la hauteur du centre le pan supérieur de droite et aplatir de manière à former un triangle. Rabattre le pan supérieur de droite sur la gauche.

8 - Rabattre les 2 premiers pans vers la droite. Maintenir une pression du doigt sur la pointe du bas et plier le pan supérieur de droite et de gauche vers le centre.

9 - Retourner le pliage.

10 - Maintenir une pression du doigt sur la pointe du haut et plier le pan supérieur de droite et de gauche vers le centre.

11 - Replier le triangle du bas vers le haut jusqu'à sa base.

12 - Retourner le pliage pour la présentation.

LA CRETE DE COQ

Utiliser une serviette très amidonnée (fibres naturelles ou mélange naturel et synthétique).

1 - Plier le côté gauche sur le côté droit.

2 - Plier le pan supérieur droit sur le côté gauche et le rabattre vers la droite de 4 cm.

3 - Retourner la serviette.

4 - Plier le côté gauche sur le côté droit et le rabattre vers la gauche de 4 cm.

5 - Plisser la serviette en accordéon en commençant par le bas (plis de 3 cm environ).

6 - Saisir les plis de droite et redresser le pliage d'1/4 de tour.

7 - Rabattre vers le bas, les plis intérieurs gauche et droit de l'ourlet du milieu, de manière à former de petits triangles.

8 - Rabattre vers le bas, de manière à former de petits triangles, les plis intérieurs gauche et droit du bord supérieur.

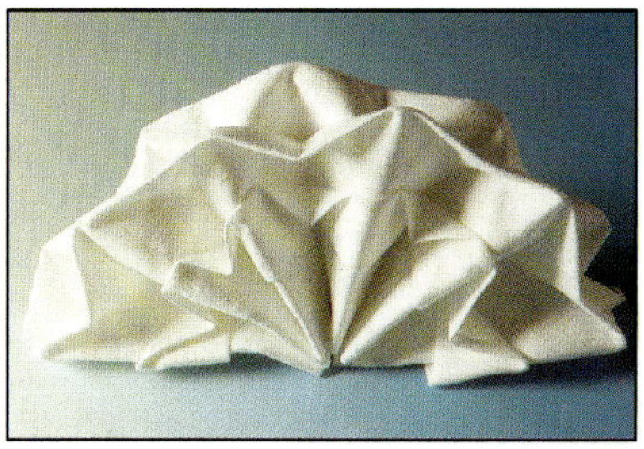

9 - Disposer le pliage sur une assiette ou dans un verre et libérer les plis pour la présentation.

LE CHAPEAU POINTU

Utiliser une serviette amidonnée (fibres naturelles ou d'un mélange de fibres synthétiques et naturelles).

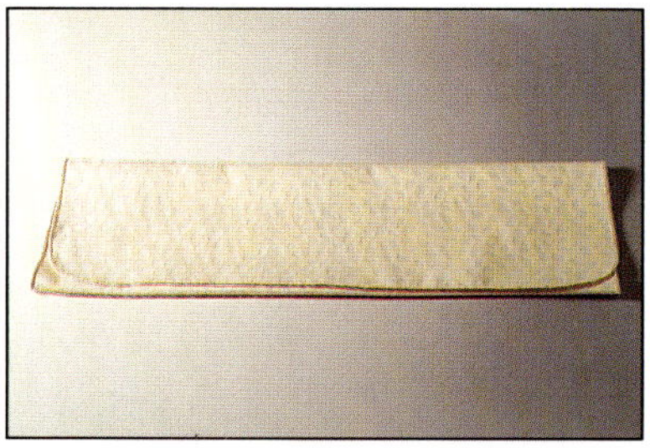

1 - Plier la serviette en 3 parties égales pour obtenir un rectangle.

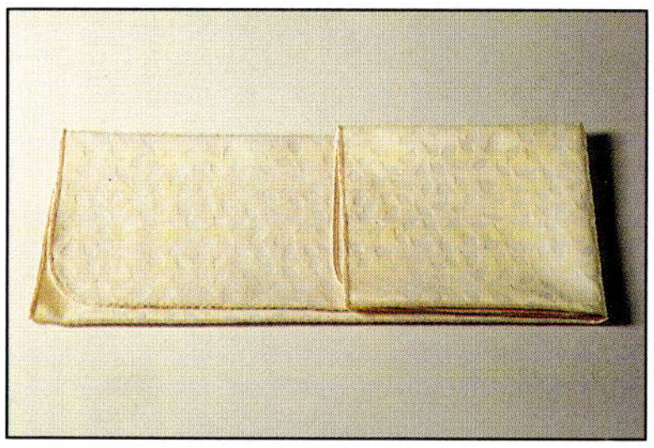

2 - Plier le côté droit sur les 2/3 de la serviette vers la gauche.

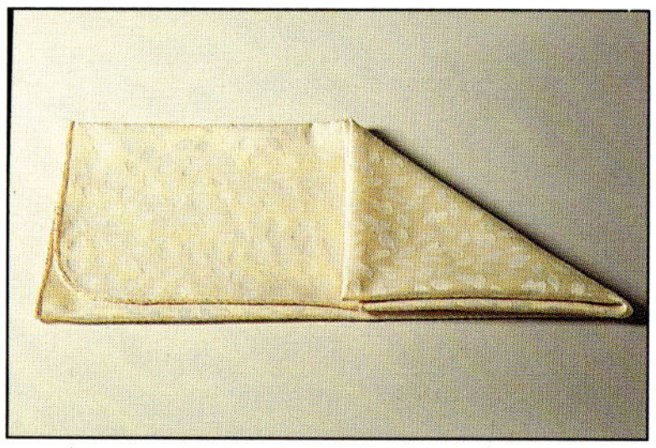

3 - Ramener l'angle supérieur droit au centre pour former un triangle.

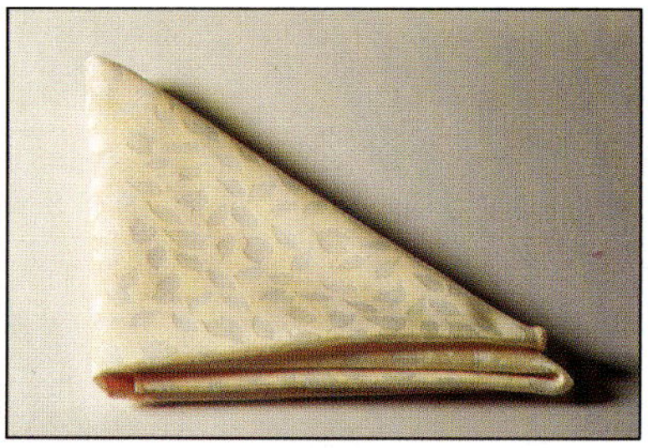

4 - Rabattre le carré de gauche sur le triangle de droite et rabattre la pointe supérieure droite sous le triangle.

5 - Donner du volume au cône. Faire un ourlet avec l'angle droit de la base.

L'OISEAU DE PARADIS

Pour ce pliage utiliser une serviette (fibres naturelles ou un mélange naturel et synthétique).

1 - Plier la serviette en 4 pour former un carré et le placer en losange devant soi (les plis ouverts vers le bas).

2 - Plier la pointe du bas sur la pointe du haut.

3 - Maintenir une pression du doigt sur la pointe du triangle et ramener le côté gauche et le côté droit jusqu'à la ligne médiane.

4 - Replier vers l'arrière du pliage les 2 pointes du bas.

5 - Plier en 2 le triangle sur sa hauteur vers l'arrière.

6 - Maintenir le pliage à sa base et soulever chaque pointe vers le haut pour la présentation.

LA VAGUE

Pour ce pliage utiliser une serviette amidonnée.

1 - Plier la serviette en 3 parties égales pour obtenir un rectangle.

2 - Plier le côté droit sur les 2/3 de la serviette vers la gauche .

3 - Rabattre le côté gauche sur le côté droit. Déplier le carré.

4 - Replier sans aplatir le côté gauche jusque sur le pli de gauche et l'enrouler vers le centre.

5 - Replier sans aplatir le côté droit jusque sur le plis de droite et l'enrouler vers le centre.

6 - Plier le centre du pliage vers l'arrière, sans l'aplatir, et décaler le pliage vers la gauche pour former une troisième vague.

Variante :

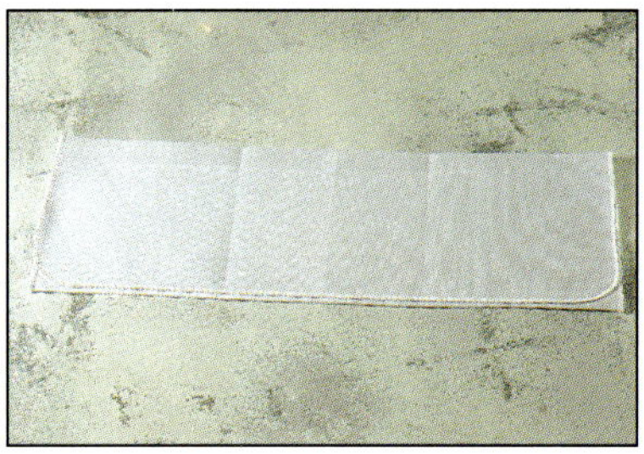

1 - Plier la serviette en 3 parties égales pour obtenir un rectangle.

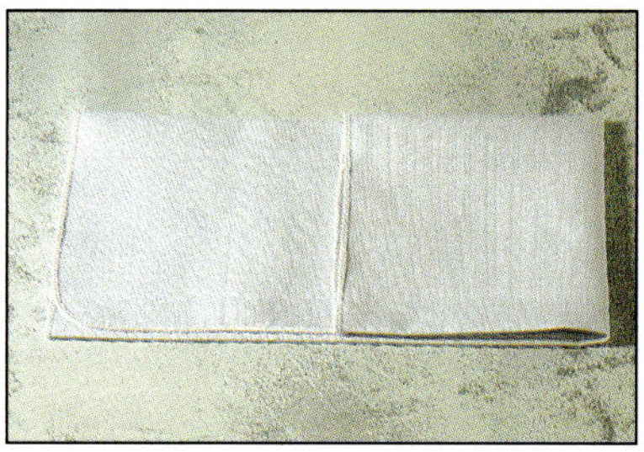

2 - Plier le côté droit sur les 2/3 de la serviette vers la gauche et rabattre le côté gauche sur le côté droit. Déplier le pan supérieur.

3 - Replier, sans aplatir, le carré déplié jusque sur le pli et le rabattre vers le centre.

Remarque : on peut glisser le menu entre 2 vagues.

LE CHALE

Pour ce pliage utiliser une serviette amidonnée.

1 - Plier la serviette en 2 de gauche à droite pour former un rectangle.

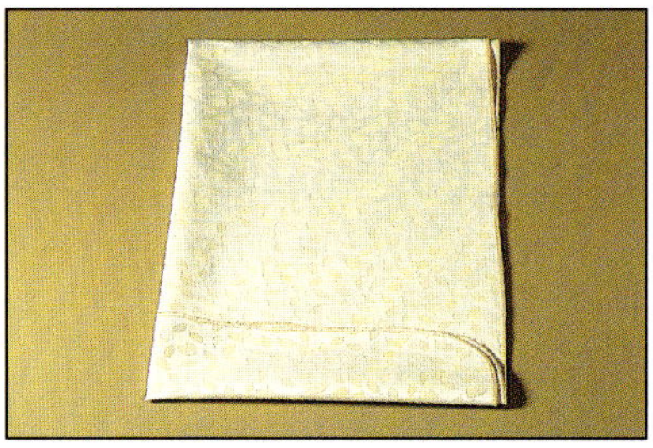

2 - Plier la largeur du haut de 3 cm vers l'arrière et celle du bas vers l'avant de 3 cm.

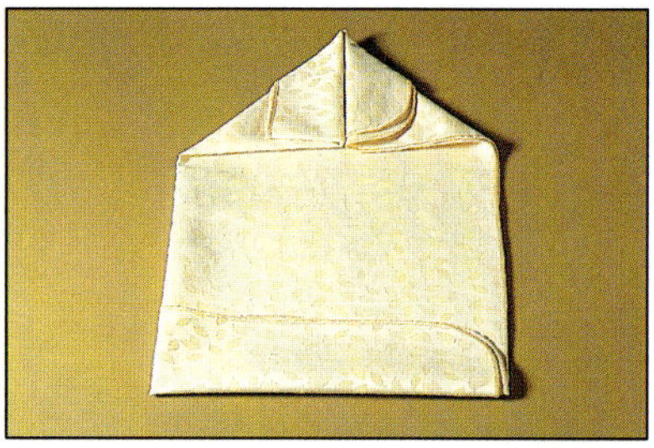

3 - Ramener les 2 angles du haut de manière à ce qu'ils se rejoignent vers le centre.

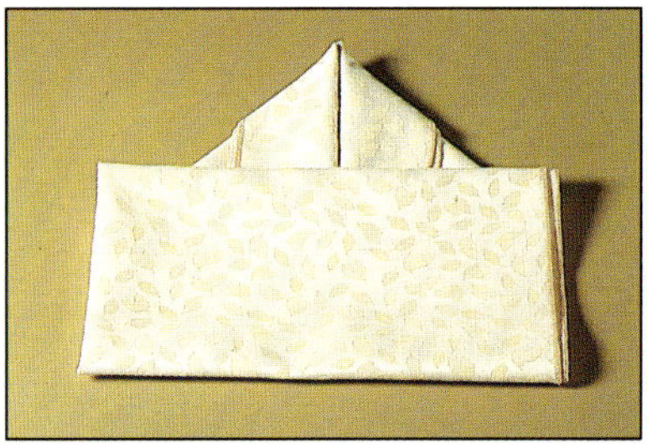

4 - Rabattre la largeur du bas de manière à couvrir la base du triangle du haut d'1 cm.

5 - Ramener les 2 angles supérieurs du rectangle vers le centre de manière à créer un nouveau triangle.

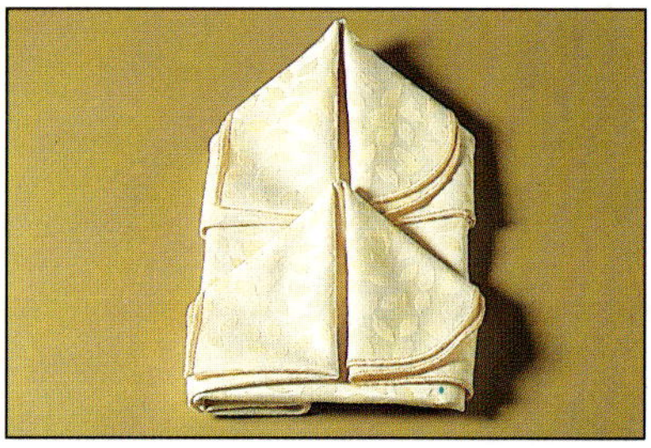

6 - Rabattre vers l'arrière du pliage le côté latéral droit et gauche jusqu'à la limite de la première épaisseur.

LE FLAMBEAU

Utiliser 2 serviettes (mélange naturel et synthétique, en voile) de couleur et de taille différentes.

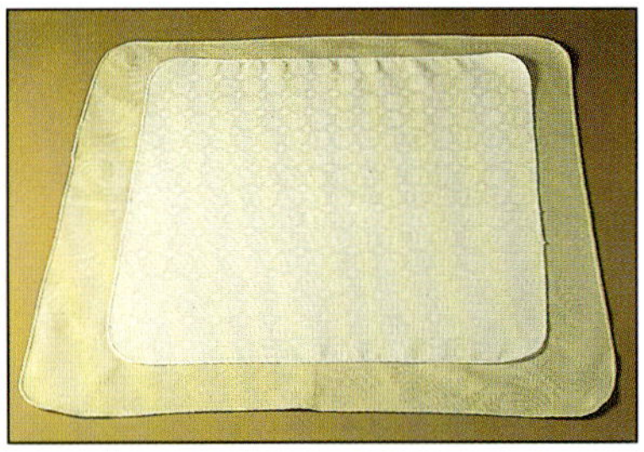

1 - Superposer les 2 serviettes en mettant la plus petite sur la plus grande. Les glisser dans un rond de serviette en les tenant toujours par le centre.

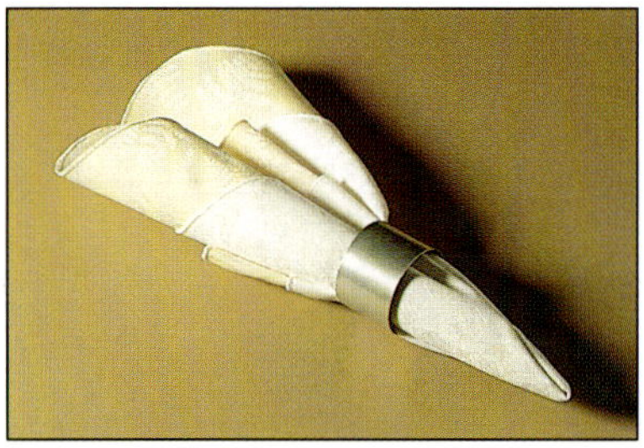

2 - Les pincer au centre et soulever en secouant pour bien répartir les plis.

LA COQUILLE SAINT-JACQUES

Utiliser une serviette amidonnée (fibres naturelles ou mélange naturel et synthétique).

1 - Plier la serviette en 4 pour former un carré et le placer en losange, les plis vers le bas.

2 - Rabattre les pointes du bas les unes après les autres vers la pointe du haut en les décalant légèrement les unes par rapport aux autres.

3 - Retourner le pliage, la pointe vers le bas.

4 - Maintenir une pression du doigt au milieu de la base et plier vers le centre les 2 extrémités de la base.

LE MENAGE (sel et poivre)

Utiliser une serviette amidonnée (fibres naturelles ou mélange naturel et synthétique).

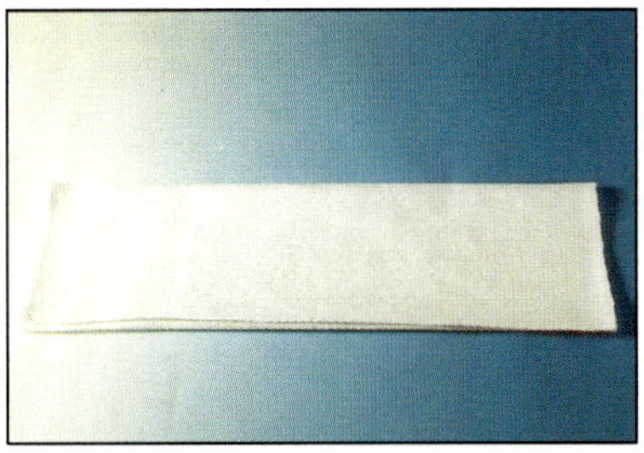

1 - Plier la serviette en 3 parties égales pour obtenir un rectangle (pli ouvert vers le bas).

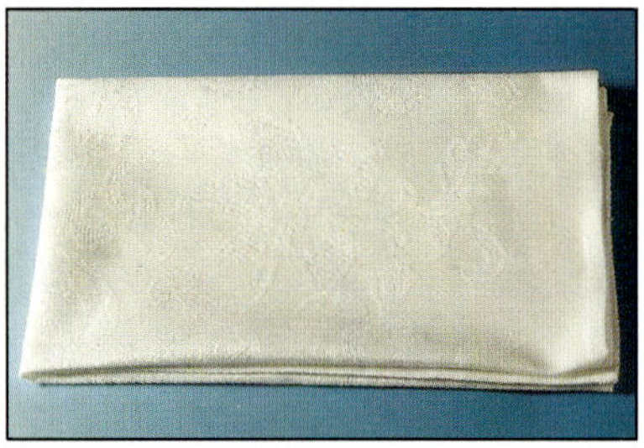

2 - Plier le côté gauche sur le côté droit.

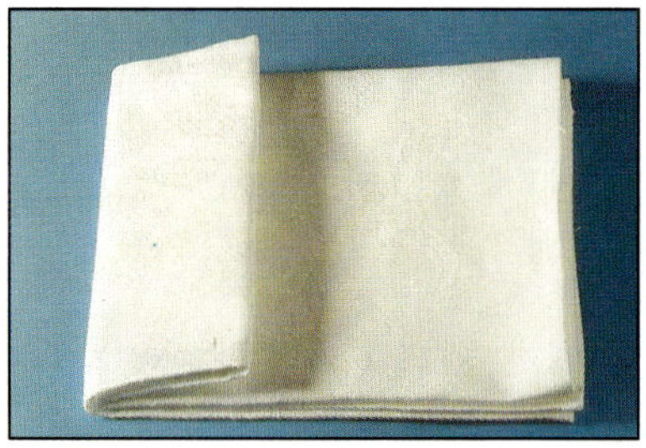

3 - Plier le côté gauche sur le centre.

4 - Plier le côté droit sur le centre.

5 - Retourner la serviette.

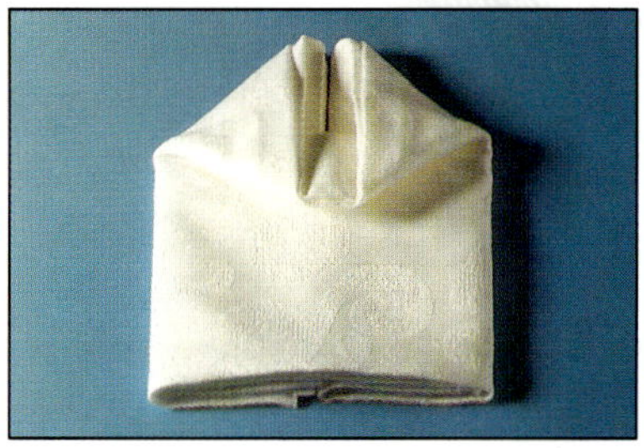

6 - Rabattre, par le milieu, les 2 épaisseurs du haut vers le centre de manière à former un losange.

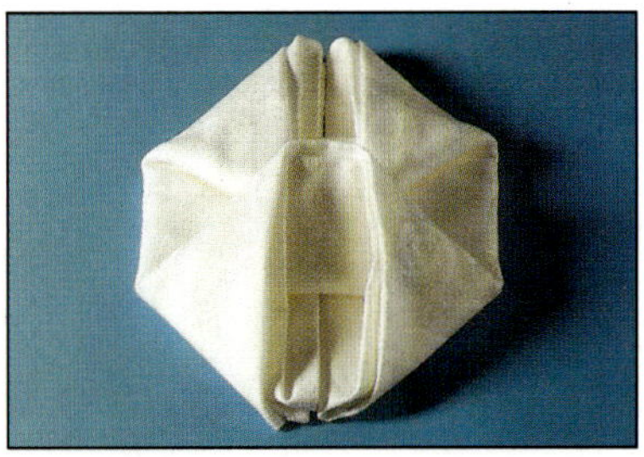

7 - Rabattre, par le milieu, les deux épaisseurs du bas vers le haut de manière à former un deuxième losange dont la pointe reposera sur la pointe du bas du losange du haut.

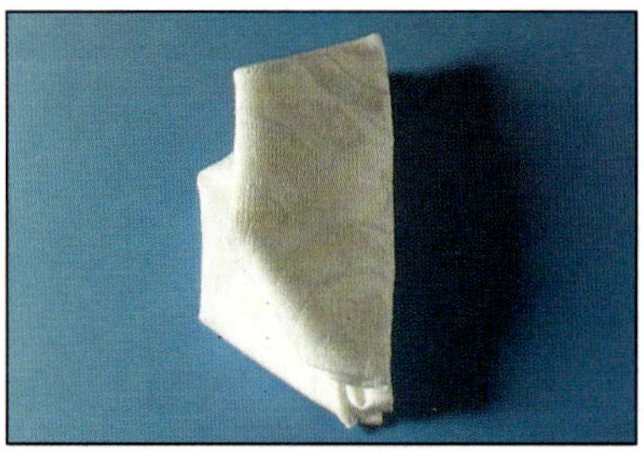

8 - Plier le côté droit sur le côté gauche.

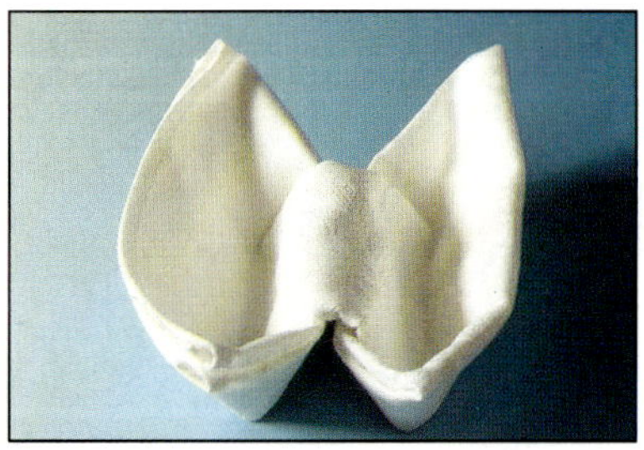

9 - Tourner le pliage d'1/4 de tour vers la gauche et ouvrir les plis de gauche et de droite de manière à former 2 paniers pour la présentation.

PIGEON VOLE

Utiliser une serviette amidonnée (fibres naturelles ou mélange naturel et synthétique).

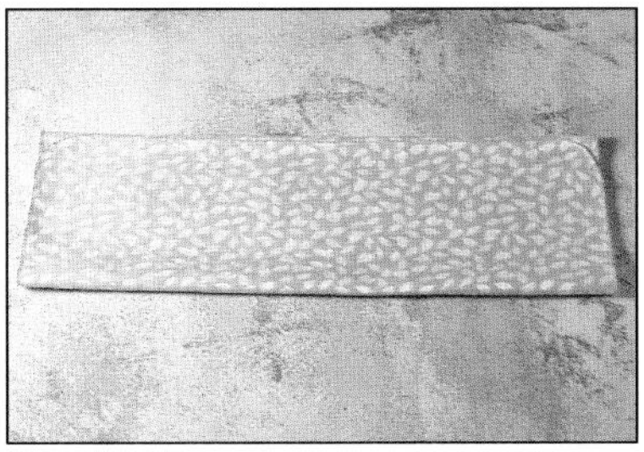

1 - Plier la serviette en 3 parties égales pour obtenir un rectangle (pli ouvert vers le haut).

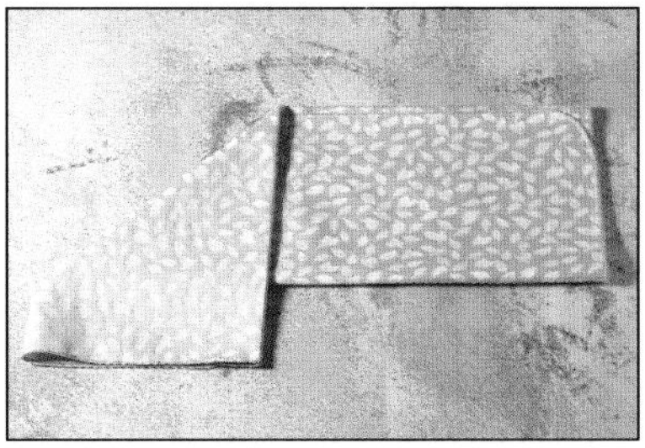

2 - Maintenir une pression du doigt sur le milieu du haut. Replier l'angle gauche du haut vers le bas.

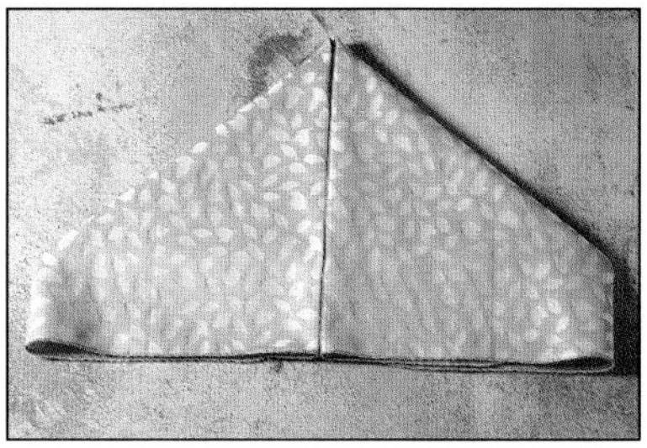

3 - Replier l'angle droit du haut vers le bas.

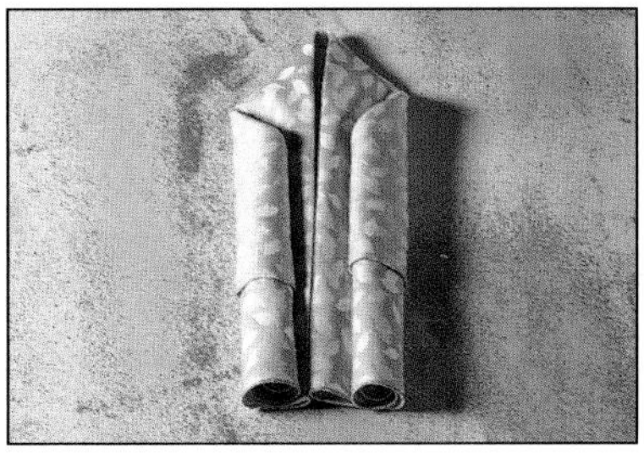

4 - Enrouler vers le centre le côté droit et gauche de manière à ce qu'ils se rejoignent au milieu.

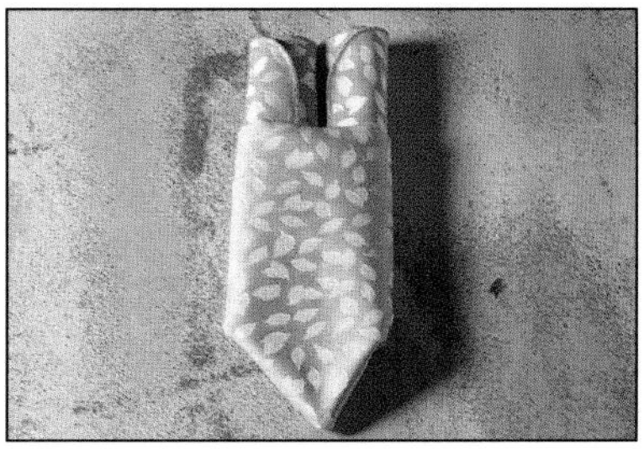

5 - Retourner le pliage (pointe vers le bas) pour la présentation.

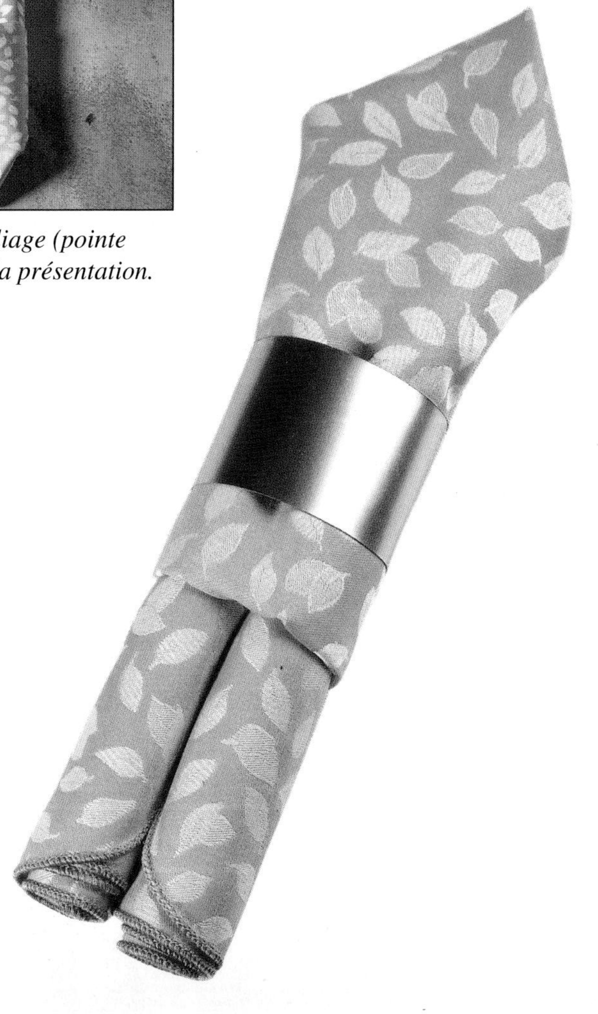

Variante :

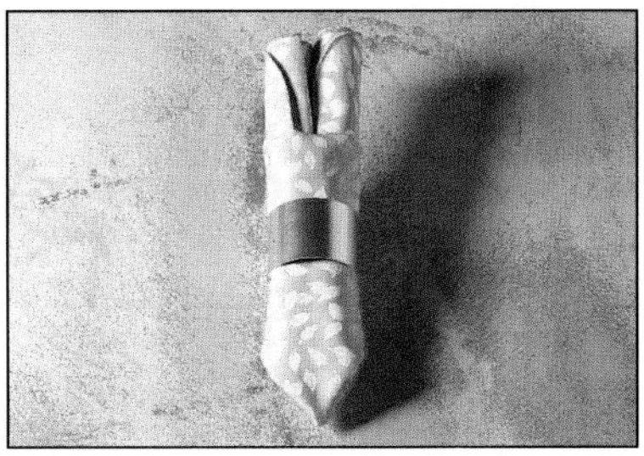

6 - Enfiler la pointe dans un rond de serviette

LE LAPIN

Utiliser une serviette amidonnée (fibres naturelles ou mélange naturel et synthétique).

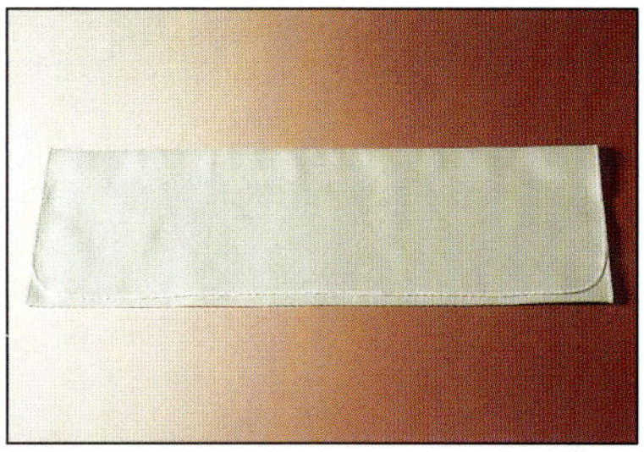

1 - Plier la serviette en 3 parties égales pour obtenir un rectangle (pli ouvert vers le bas).

2 - Maintenir le milieu du haut par une pression du doigt et replier l'angle supérieur droit vers le bas.

3 - Replier l'angle supérieur gauche vers le bas.

4 - Plier l'angle droit de la base du triangle vers le centre.

5 - Plier l'angle gauche de la base du triangle vers le centre de manière à former un losange.

6 - Rabattre la pointe du haut de 3 cm sous le pliage.

7 - Tourner le pliage de manière à ce que la base se situe vers le bas.

8 - Rouler l'extrémité droite de la base vers le centre.

9 - Rouler l'extrémité gauche de la base vers le centre.

10 - Donner du volume au pliage en écartant légèrement la base.

LE CYGNE

Utiliser une serviette (fibres naturelles ou mélange naturel et synthétique) amidonnée pour ce pliage.

1 - Plier la serviette en diagonale pour former un triangle (la base vers le bas)

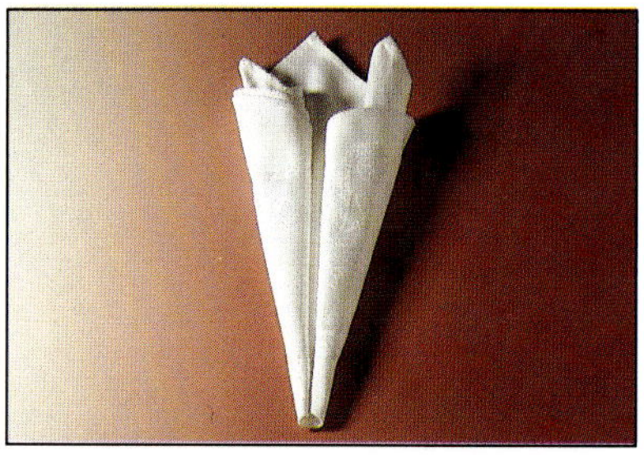

2 - Maintenir une pression du doigt sur le centre de la base et enrouler l'angle droit et gauche de la base vers le sommet.

3 - Plier en 2 en tronquant aux 3/4 la pointe du bas vers le haut.

4 - Rabattre la pointe vers le bas pour former la tête.

5 - Présenter le pliage dans un verre.

LE CYGNE ROYAL

Utiliser deux serviettes amidonnées (fibres naturelles ou mélange naturel et synthétique).

1 - Plier la première serviette suivant les indications du pliage de "La crête de coq" (p. 100).

1ère variante :

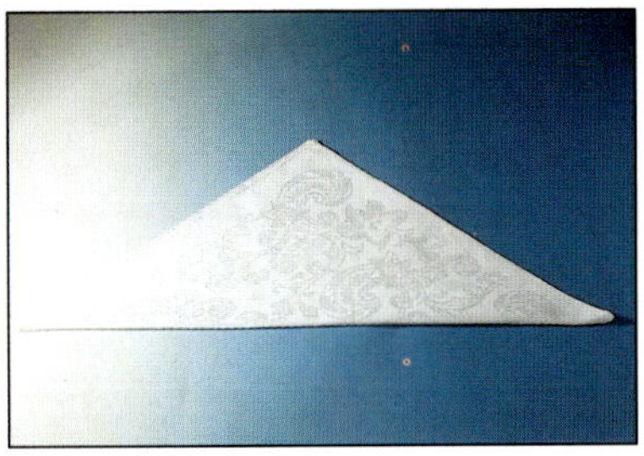

2 - Plier la deuxième serviette en 2 de manière à former un triangle.

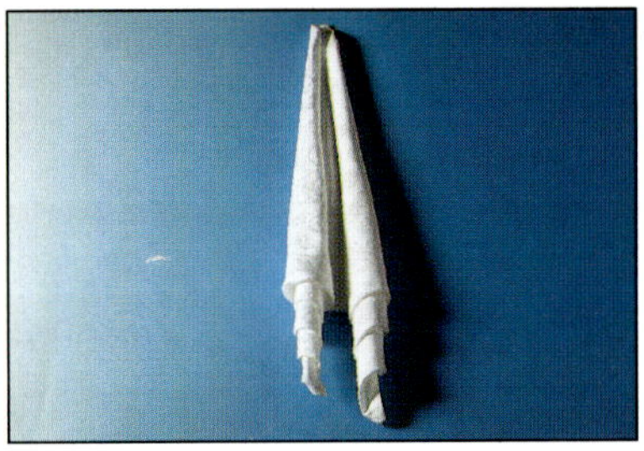

3 - Maintenir d'une pression du doigt la pointe du triangle et rouler serrées les extrémités de la base vers le centre.

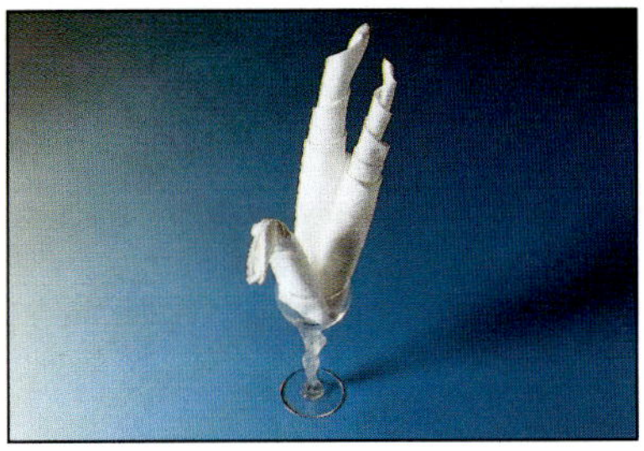

4 - Placer le milieu de ce triangle dans le fond d'un verre (rouleaux vers le haut). Rabattre légèrement la pointe pour former la tête.

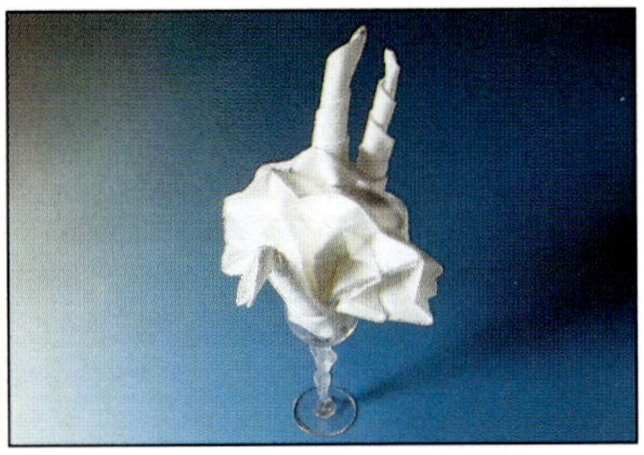

5 - Placer la "Crête de coq" en éventail, dans le verre, sur la première serviette.

2ème variante :

2 - (la serviette ouverte) Plier une première fois puis une seconde fois et une troisième fois le coin droit du haut vers le centre.

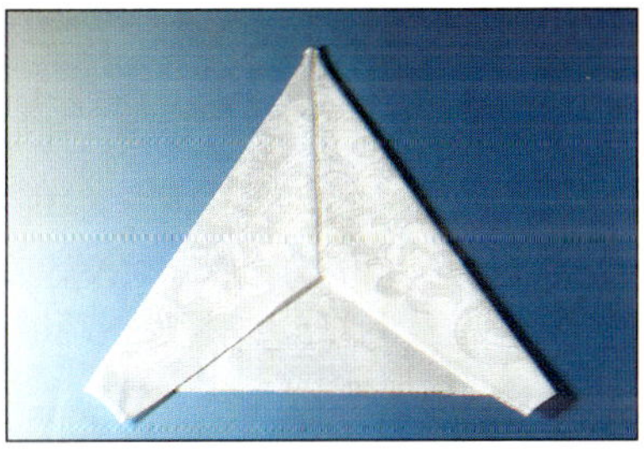

3 - Plier une première fois puis une seconde fois et une troisième fois le coin gauche du haut vers le centre.

4 - Plier le triangle en deux dans la hauteur. Placer le milieu de ce triangle plis ouverts dans le fond d'un verre et rabattre légèrement la pointe pour former la tête.

5 - Placer la "crête de coq" en éventail, dans le verre, sur la première serviette.

TABLE DES MATIERES

LES TEXTILES

LES PLIAGES

Dépôt légal 4e trim. 1992
n° 1 990

ISBN 2-7372-2238-9
Imprimé en C.E.E.